Inclusão de pessoas com deficiência e/ou necessidades específicas: avanços e desafios

Inclusão de pessoas com deficiência e/ou necessidades específicas: avanços e desafios

Margareth Diniz

autêntica

Copyright © 2012 Margareth Diniz
Copyright © 2012 Autêntica Editora

PROJETO GRÁFICO DE CAPA
Christiane Silva Costa

EDITORAÇÃO ELETRÔNICA
Tales Leon de Marco

REVISÃO
Maria do Rosário Alves Pereira

EDITORA RESPONSÁVEL
Rejane Dias

Revisado conforme o Acordo Ortográfico da Língua Portuguesa de 1990, em vigor no Brasil desde janeiro de 2009.

Todos os direitos reservados pela Autêntica Editora. Nenhuma parte desta publicação poderá ser reproduzida, seja por meios mecânicos, eletrônicos, seja via cópia xerográfica, sem a autorização prévia da Editora.

AUTÊNTICA EDITORA LTDA.
Belo Horizonte
Rua Aimorés, 981, 8º andar . Funcionários
30140-071 . Belo Horizonte . MG
Tel.: (55 31) 3214 5700
São Paulo
Av. Paulista, 2073, Conjunto Nacional, Horsa I, 11º andar, Conj. 1101
Cerqueira César . São Paulo . SP . 01311-940
Tel.: (55 11) 3034 4468

Televendas: 0800 283 13 22
www.autenticaeditora.com.br

Dados Internacionais de Catalogação na Publicação (CIP)
(Câmara Brasileira do Livro, SP, Brasil)

Diniz, Margareth
 Inclusão de pessoas com deficiência e/ou necessidades específicas: avanços e desafios / Margareth Diniz. -- Belo Horizonte : Autêntica Editora, 2012.

 ISBN 978-85-65381-53-6

 1. Deficientes - Educação 2. Educação especial 3. Educação inclusiva 4. Pedagogia 5. Professores - Formação 6. Psicologia escolar I. Título.

10-07816   CDD-371.9

Índices para catálogo sistemático:
1. Pessoas com deficiência : Educação inclusiva 371.9

Sumário

Prefácio..7

Apresentação...9

Capítulo 1
O saber, a inclusão e a formação docente............11

Capítulo 2
A inclusão e as mudanças por ela requeridas.......31

Capítulo 3
Definição do alunado com deficiência e/ou necessidades específicas...51

Capítulo 4
O desafio persiste..101

Referências..109

Prefácio

Mônica Rahme[1]

A possibilidade de tornar a escola acolhedora às diferenças que seus alunos e suas alunas possam apresentar em relação ao que foi socialmente instituído, em termos de condições de aprendizagem, constitui-se em um dos principais desafios colocados para a educação. Se falamos atualmente em uma "escola inclusiva" ou em uma "escola aberta às diferenças", é preciso entender que a escola, como instituição social, foi tradicionalmente idealizada para públicos que correspondiam a um padrão de normalidade, reproduzindo, por meio de seus rituais e de suas práticas, discursos que definiam e legitimavam o que era considerado norma e desvio, normalidade e anormalidade.

É em um contexto de problematização desse percurso e desses discursos que se situa a produção *Inclusão de pessoas com deficiência: avanços e desafios*, de Margareth Diniz, construída no sentido de recriar e reinventar a escola diante da diversidade, e na perspectiva de pensar a formação de professores e professoras como uma ação contínua, que se produz no cotidiano e a partir de um movimento de questionamento das concepções que trazemos sobre as ditas "deficiências", bem como sobre sua relação com a prática educativa.

Focado em questões que dizem respeito ao trabalho escolar com pessoas que apresentam "deficiências" ou "necessidades educacionais específicas", este livro propõe uma série de discussões que nos fazem refletir sobre a função da educação escolar na sociedade, as implicações do discurso sobre a inclusão para a prá-

---

[1] Professora de Psicologia na UFOP.

tica educativa, a ética e a função da Psicologia em face da educação escolar, quando temos como horizonte na política pública a necessidade de estabelecer um funcionamento dos serviços em rede, bem como a busca de referências territoriais para sua estruturação, de modo a melhor atender às demandas da população.

O livro propõe uma leitura ampla das inúmeras questões que atravessam a escolarização desse público a partir de uma perspectiva sociointeracionista, por considerá-la mais promissora no trabalho com alunos e alunas que apresentam necessidades educacionais especiais, ao mesmo tempo que dialoga com contribuições de outros campos, como a Psicanálise, o que nos auxilia a pensar na posição dos sujeitos diante do saber – não apenas o sujeito aluno ou aluna, mas também o sujeito professor ou professora, que tem seu estilo, sua vontade de saber, suas angústias e seus desejos diante do outro e da profissão. Apresentam-se inúmeras referências teóricas que permitem aos leitores e às leitoras um maior conhecimento dessa literatura, sugerindo uma série de atividades que podem ser realizadas individualmente ou em grupo, contribuindo, assim, para um processo de formação permanente dos profissionais da educação.

Convidamos os leitores e as leitoras a conhecerem e a "explorarem" este livro, tomando-o como um interlocutor na construção de saídas que nos permitam lidar de modo produtivo e crítico com os desafios que, cotidianamente, encontramos e encontraremos na escola!

Apresentação

Inclusão requer mudança de paradigma

Infelizmente, milhares de crianças, adolescentes e jovens brasileiros com suas mais diversas características, entre elas deficiências, não têm acesso à escola e ficam à margem da sociedade. O(a) professor(a) pode ajudar a mudar essa história. Muitos(as) professores(as), em todo o Brasil, já estão convencidos(as) de que a Educação Inclusiva é a melhor solução para acolhermos as diferenças de todos(as) os(as) alunos(as).

A Escola Inclusiva está afinada com os direitos humanos, porque respeita e valoriza todos(as) os(as) alunos(as), cada um(a) com as suas características individuais. Além disso, é a base da *sociedade para todos*, que acolhe os sujeitos e se modifica para garantir que os direitos de todos(as) sejam respeitados.

No que tange às pessoas com deficiência, a Educação Inclusiva não é uma moda passageira. Ela é o resultado de muitas discussões, muitos estudos e muitas práticas que tiveram a participação e o apoio de organizações de pessoas com deficiência e educadores(as), no Brasil e no mundo. É também fruto de um contexto histórico em que se resgata a educação como lugar do exercício da cidadania e da garantia de direitos. Isso acontece quando se preconiza, por meio da *Declaração universal dos direitos humanos* (1948), uma sociedade mais justa em que são resgatados valores fundamentais, como a igualdade de direitos e o combate a qualquer forma de discriminação.

Percebeu-se que as escolas estavam ferindo esses direitos, tendo em vista os altos índices de exclusão escolar das populações mais pobres, das pessoas com deficiência, dentre outros, que estavam sendo, cada vez mais, marginalizadas do processo educacional.

A *Declaração Mundial de Educação para Todos* (1990), a *Declaração de Salamanca* (1994) e a *Convenção Interamericana para a Eliminação de Todas as Formas de Discriminação contra a Pessoa Portadora de Deficiência* (1999) são alguns dos mais importantes documentos produzidos sobre esse assunto.

No Brasil, a Constituição Federal (1988), a Lei de Diretrizes e Bases (LDB) n° 9.394/96, a Política Nacional de Educação Especial, as Diretrizes Nacionais para a Educação Especial (2001) e a Política Nacional de Educação Especial na perspectiva da inclusão (2008) salientam a importância de se respeitar o sujeito em sua totalidade, considerando suas diferenças e potencialidades, objetivando assegurar a ele o bem-estar físico e psíquico.

Durante muitos anos a educação se pautou em estudos cuja centralidade era a normalidade, e consequentemente quem não se enquadrava em padrões de normalidade era considerado desviante. O declínio dos modelos biológicos de compreensão de identidades sociais propiciou a abertura dos modelos sociais e educacionais, permitindo o acolhimento às diferenças.

Surgia, então, um impulso para o desenvolvimento de um novo paradigma de compreensão da diversidade social em seus aspectos etnorraciais, de condições físicas, mentais, culturais e da sexualidade. Associado a movimentos sociais como o feminismo, a antipsiquiatria e o movimento de afirmação negra, bem como ao movimento das pessoas com deficiência, tal iniciativa vem avançando em propostas pedagógicas mais ousadas e menos padronizadas.

Neste livro vamos nos ater à discussão que tange às pessoas com deficiência e/ou com necessidades educacionais específicas e à escola, sugerindo atividades que permitam aos(às) professores(as) uma apropriação dos princípios e eixos da Educação Inclusiva, bem como uma aplicação desses princípios e eixos em seu cotidiano escolar.

Capítulo 1
O saber, a inclusão e a formação docente

No que se refere à formação docente, este capítulo destaca a importância dos saberes produzidos na prática e, ainda, do papel que o próprio sujeito tem na formação de sua identidade profissional, levando-nos a crer que a configuração do profissional da Educação Inclusiva relaciona-se a esses dois aspectos: o subjetivo e o da formação que, por sua vez, desembocam num terceiro, que é o aspecto político. O capítulo discute que a formação docente deve ser encarada como um processo permanente, integrado no dia a dia dos(as) professores(as) e das escolas, e não como uma função que intervém à margem dos projetos profissionais e organizacionais.

Breve retrospectiva dos elementos presentes na formação docente

Os estudos produzidos sobre a formação e o trabalho docente têm apresentado mudanças ao longo das décadas. As linhas de pesquisa, até a década de 1960, centravam suas investigações em encontrar características pessoais do professor e em relacioná-las à aprendizagem dos alunos.[2]

---

[2] A despeito da minha opção em incorporar neste texto as recentes discussões sobre gênero, anunciando correntemente, por exemplo, "professor" e "professora", ao invés de tão somente o modo genérico e habitual da língua culta

No início da década de 1970, as investigações sobre o professor sofrem uma mudança de paradigma ao focalizarem os estudos não mais em características pessoais, mas na situação de ensino propriamente dita, centrando-se na observação e análise da atuação docente. Ao final dessa década, enfatizou-se a investigação sobre o professor, e a preocupação passou a residir nos seus processos de pensamento e de tomada de decisões durante sua atividade profissional.

A discussão sobre a formação vem se destacando muito nas conferências e nos seminários sobre educação desde o final da década de 1970, época em que se iniciou um movimento de reflexão sobre a escola brasileira, partindo-se de sua realidade para buscar caminhos que permitissem a saída da crise em que se encontrava tanto a escola brasileira quanto o ensino que nela se dava. A preocupação com o fracasso escolar levou os educadores à discussão e à análise dos fatores responsáveis pela baixa qualidade do ensino e da possibilidade de se oferecer uma boa escola à população de baixa renda. Evidenciou-se a necessidade de melhorar a formação dos professores como condição para a melhoria da qualidade do ensino em geral.

Durante os debates ocorridos no I Seminário de Educação Brasileira, realizado na Universidade Estadual de Campinas em 1978, foi muito discutida a ideia de que as licenciaturas e o curso de Pedagogia deveriam, antes de tudo, formar o educador, ressaltando-se, assim, a primazia do ato de educar sobre o ato de ensinar.

Os enfoques investigativos do início dos anos 1980 referem-se ao caráter político da prática pedagógica e ao compromisso do educador com as classes populares. Nesse momento, procurou-se definir a natureza da função docente e o papel do educador, para se direcionarem as reformas dos cursos de formação de educadores.

"professor", dado a perspectiva histórica do apanhado das concepções sobre formação e profissão docente, nos anos 1960, 1970 e parte dos anos 1980, o debate sobre gênero ainda não havia resultado na mudança no estilo de escrita. Daí optar nesta parte do texto por manter a forma genérica de tratar o gênero masculino e o feminino.

Após os primeiros anos da década de 1980, a preocupação com a formação técnica do educador ganhou considerável importância ao mesmo tempo que a questão da formação política do futuro educador. Nesse contexto, a competência técnica[3] à qual subjaz um suporte pedagógico e um compromisso educacional e social apresenta-se como condição necessária para que o educador assuma um compromisso político. A formação técnica deveria envolver tanto o conhecimento específico de determinado campo quanto o conhecimento pedagógico, o que gerou inúmeras críticas de educadores quanto à estrutura e ao conteúdo dos cursos de formação de professores e especialistas, cuja marca era a justaposição da parte de conteúdo específico à de formação pedagógica.

Outra vertente que se fez valer na década de 1980 foi a das pesquisas sobre o pensamento do professor, as quais focalizam seu conhecimento prático pessoal. Para Nóvoa (1991), nessa vertente a concepção de professor é a de um profissional ativo, autônomo, que reflete, analisa e interpreta sua própria prática. O paradigma norteado pelo pensamento do professor deu início a diversas investigações que analisaram os tipos de conhecimentos que os professores elaboram e utilizam no cotidiano escolar. Nos estudos dos processos de pensamento e ação do professor sobressaem duas dimensões da cognição: o processamento de informações e a tomada de decisões. Nesses dois enfoques investigativos dos processos de pensamento dos professores destacam-se o modelo de tomada de decisões, que estuda como o professor toma decisões e o que deve fazer frente a uma situação específica, e o modelo de processamento de informação, que procura relacionar a definição de ensino que o professor possui com a sua conduta. Essas duas dimensões da cognição constituem diferentes fases de um processo pelo qual passa o professor, em face da complexidade das tarefas em que se envolve, para se tornar um profissional ativo.

---

[3] A competência técnica é, segundo Mello (1981, p. 15, 34, 55 e 145), o saber fazer bem. Para isso, é necessário o domínio do conteúdo do saber escolar e dos métodos adequados para se transmitir este conteúdo do saber escolar às crianças que não apresentam precondições idealmente estabelecidas para sua aprendizagem.

13

Como o processamento de informações e a tomada de decisões não ocorrem apenas num contexto mental, mas interligam-se às situações vividas pelos docentes, pressupõe-se que os professores têm diferentes tipos de conhecimentos que configuram suas concepções epistemológicas. É importante destacar, a respeito desse tema, as contribuições de Shulman (1986), pesquisador preocupado com o papel do conhecimento no ensino, para as investigações dos diferentes tipos e modalidades de conhecimento. Com o objetivo de estudar o que sabem os professores sobre o conteúdo que ensinam, onde e quando adquiriram esses conhecimentos e como devem utilizá-los no cotidiano escolar, esse autor conduziu suas investigações sobre o professor e a sua formação apontando novas perspectivas investigativas sobre a questão da competência para ensinar.

Mas o modelo da racionalidade técnica, que visa prever ou prescrever o ato docente de educar, pôs de lado o sujeito. O sujeito constituído com base nos efeitos das relações de poder, no que se refere aos valores às produções discursivas, como gênero, etnia, sexualidade, credo, local, enunciado nos discursos, passa a trazer à tona o lugar da subjetividade – sempre em relação ao outro social e cultural, tão silenciado no discurso da racionalidade técnica. Aqui falamos de uma concepção de sujeito que não é o ser, nem é o indivíduo que muda historicamente, que se compõe como parte indivisível (daí o nome) do grupo social e que pode se fazer autônomo, ideal e senhor de seus atos; aqui falamos do sujeito como efeito discursivo, simples e puro resultado de um processo de produção social e cultural, tão móvel e singular quanto tais processos. Emerge no campo educacional esse sujeito dividido, até então subsumido pela técnica que desarticula e interroga os docentes e seus saberes, levando-os à necessidade de romper com os instrumentos, as técnicas e os planejamentos estabelecidos, os quais não atingem ou incluem os sujeitos, mesmo sendo para eles destinados, pois sabemos que a racionalidade demonstra construir positividades às custas do abafamento dos posicionamentos subjetivos.

Assim, uma prática docente que inclua os sujeitos e suas diferenças exige também uma formação que alcance a concepção de sujeito de nossos tempos através de uma série de rupturas nos discursos do conhecimento racional e científico. Dessa forma seria possível considerar que o trabalho docente é marcado por incongruências, incertezas e descontinuidades que podem formar o(a) professor(a) tanto ou mais que todo e qualquer esforço de agências destinadas a tal fim. Então, considerar que a experiência pedagógica não reserva aos docentes somente positividades preconcebidas leva-os a inventarem (ou reinventarem) a educação a todo instante. Os atos dos docentes produzem saberes tão particulares quanto esses próprios atos, pois são saberes produzidos por sujeitos induzidos por singularidades, muitas vezes à revelia das prescrições educativas.

Assim, a década de 1990 passa a valorizar os saberes da experiência, a partir das discussões sobre os saberes que um educador e uma educadora precisam ter para se constituírem como profissionais da educação. Surge uma complexidade de teorias e práticas marcadas por rupturas com modelos ou pensamentos sobre trabalho docente e formação de profissionais da educação estabelecidos anteriormente, as quais são compatíveis com um sujeito que também produz saberes, sempre induzido pelas relações de poder fabricadas no ato de educar.

A perspectiva teórica, prática e subjetiva condizente com uma formação para a diversidade e a inclusão

Geralmente, as teorias que discutem a formação docente centram-se no debate sobre o método e o procedimento didático em sua dimensão técnica, atribuindo a eles o melhor ou pior resultado da formação. É o que visamos superar ao considerarmos que a escolha da teoria, a consideração dos saberes práticos e a da subjetividade se aliam na formação docente que visa incluir a diversidade humana.

Stuart Hall (2002) condensa em cinco itens os avanços das ciências humanas e sociais sobre o descentramento do sujeito cartesiano. O primeiro descentramento ele atribui ao pensamento marxista, que sujeita o homem e a mulher às condições sócio-historicas que os constituem, tornando-os alienados, uma vez que agem apenas mediante condições materiais, históricas e econômicas criadas por outros. O segundo descentramento vem

15

da descoberta freudiana do inconsciente, que divide o sujeito entre o sentido e a pulsão, definindo-o por um inevitável embate com o outro que o habita. Aqui, como em Marx, o sujeito não é mais o dono de sua própria história, capaz de transformar o mundo a partir da tomada de consciência, como se, percebendo a dominação e a força do outro, o sujeito pudesse lutar e chegar à condição paradisíaca e originária de sujeito uno, pleno de poder.

O terceiro descentramento é causado pela linguística estrutural de Saussure, que diz ser o significado inerente e instável, o qual escapa sempre ao indivíduo. Não somos, de modo algum, autores das afirmações que fazemos ou dos significados que expressamos na língua. Através de significantes buscamos alcançar significados plenos e fechados, criando, assim, uma identidade, mas tais significados são constantemente perturbados pela diferença, a qual sempre desestabiliza certezas discursivas. O quarto descentramento consiste em uma genealogia do sujeito moderno ou uma arqueologia do biopoder, propostas por Foucault. Tal genealogia é constituída pelo poder disciplinar que, antes do indivíduo e do corpo, preocupa-se com a regulamentação e com a vigilância de homens, mulheres e populações inteiras. Por isso, as instituições como escolas, prisões, hospitais, clínicas, quartéis e tantas outras que compõem a modernidade são amplamente requeridas, construídas e utilizadas, com o intuito de policiarem e disciplinarem as vidas, o trabalho, os saberes, a saúde física e mental, as práticas sexuais, os hábitos familiares, as infelicidades e os prazeres dos mais diversos sujeitos submetidos a essas instituições. Por fim, o quinto descentramento, para Hall, advém dos movimentos sociais: o feminismo, a contracultura, as manifestações pró-ecológicas, as lutas pelos direitos civis, étnicos, sexuais, de gênero, etc., que politizaram a subjetividade. Juntam-se a esses os movimentos antibelicistas das décadas de 1960 e 1970, as revoltas estudantis (entre as quais se destacam as de maio de 1968), as lutas antiditatoriais do terceiro mundo, bem como as manifestações que se opunham tanto à política liberal capitalista do Ocidente, quanto à política estalinista do Leste europeu e partes das Ásia.

Dessa forma, instituíram-se nas ciências humanas dimensões subjetivas à política, ao lado de dimensões tão somente objetivas, pois cada movimento reivindicava uma identidade própria.

Nascia, então, uma "política de identidade", que, para além de simples manifestações de posição social e de contestação, fez desestabilizar-se uma identidade fixa e centrada (como, por exemplo, a branca, masculina, burguesa, heterossexual e cristã) em favor de novas formas de subjetividade, que admitem em si mesmas também o lugar da contradição, do inacabamento, da incongruência e da descontinuidade.

Tudo isso fez ressonância no campo educacional. A construção de identidade profissional é um processo complexo através do qual cada educador e educadora em formação, bem como as demais personagens da esfera educativa, narra suas subjetividades de maneira diversa, agora influenciados pelos discursos ideológicos e políticos dos movimentos sociais, marcados, por sua vez, pelas lutas de poder e divididos por pulsões inconscientes e pelas condições históricas que as constituíram. O que somos como educadores e educadoras e o trabalho pedagógico que realizamos vêm do desejo, das experiências, do lugar social, da luta de poder, dos significantes que instauram discursos, dos acasos que se consolidam em gestos, das rotinas, das ações e dos comportamentos que nos identificam como docentes.

Assim, pensar uma formação docente que considere a diversidade humana implica considerarmos os valores, as normas, os discursos, os princípios que os sujeitos interiorizaram ao longo de suas trajetórias de vida e, ainda, a forma com que os exteriorizam, transformando-os em atos diante da realidade objetiva. Há de se considerar também, ao lado de valores e princípios enunciados, os traços inconscientes e as insurreições pulsionais que constituem o trabalho docente tanto quanto as prescrições formadoras. A aposta é que possamos ter acesso a esses aspectos do trabalho docente, para entendermos as escolhas e atitudes que caracterizam as possíveis subjetividades de cada educador e educadora, bem como sua concepção de aluno, de educação, de escola e de seu próprio papel social, entendendo como cada um se manifesta sobre as concepções pedagógicas e sobre seu posicionamento político e subjetivo frente ao ato de ensinar.

A posição do sujeito no trabalho docente antecede toda e qualquer formação e preparação para o exercício da carreira profissional, pois ela se associa à própria história de vida do educador e da educadora. Sua trajetória individual o induz a um percurso formador e, sem dúvida, não apenas marca, mas também determina sua vida profissional. A configuração da formação dos profissionais da educação pelas agências formadoras precisa então considerar a tripla dimensão formativa do docente: a teoria, os saberes da experiência e a subjetividade.

Na esteira dos anos 2000, a formação docente proposta por pesquisadores e pesquisadoras que seguem em um campo de rupturas pretende interrogar os saberes teóricos que os(as) docentes precisam ter numa perspectiva curricular que intencionalmente aponte para a diversidade formativa. Passa-se a considerar o fato de o educador e a educadora serem influenciados profundamente pelas identidades étnicas, sexuais, etárias, religiosas e de gênero ao construírem saberes sobre suas práticas a partir dos estudos culturais que invocam, assim, as questões sobre identidades e subjetividades que constituem os sujeitos nos diversos espaços institucionais de caráter educativo e no trabalho docente.

Aqui, faz-se necessário introduzir mais alguns elementos que, somados aos estudos culturais, possam de fato alterar significativamente a formação dos docentes.

A partir das discussões que a Psicanálise apresenta acerca do método clínico, da noção de implicação e da noção de relação com o saber, passamos a interrogar o paradigma conceitual professor reflexivo, pois esse paradigma não alcança os efeitos do inconsciente presente na relação entre professor(a) e aluno(a). Ver Diniz (2005).

A partir do paradigma indiciário buscamos um método capaz de considerar a incompletude do saber no campo científico e, posteriormente, na formação docente. A pesquisa acadêmica que se dispõe a utilizar o método clínico, de acordo com Levy (2004), não despreza a análise da relação entre o(a) pesquisador(a) e seu objeto, pois entende que seu desafio é o trabalho que consente com a não neutralidade do(a) pesquisador(a) na produção do conhecimento. Os percalços na construção de um conhecimento fazem parte do processo, por isso não devem ser escamoteados.

É importante destacar que um dos fundamentos do método clínico é a noção de sujeito, considerado como sujeito do inconsciente, sujeito da falta. Inventar uma experiência de ensino congruente com o consentimento do inconsciente colocaria o sujeito não só em relação com um saber diferente daquele que se produz no ensino acadêmico, uma vez que este não considera as emergências do inconsciente, mas também em relação com os efeitos de verdade. Saber que temos diferentes relações com o saber em diferentes situações faz diferença para constituir nosso *estilo* de ensinar. O(a) educador(a) desavisado de que o saber em sua dupla dimensão forma uma unidade ambígua e contraditória dá à função de ensinar um caráter problemático, uma vez que as questões daí decorrentes são comumente tratadas como patologias, principalmente quando se analisa a relação do(a) aluno(a) com a aprendizagem.

Outra questão importante é a relação do sujeito com o saber, a qual se define pela relação que o sujeito estabelece consigo mesmo, com o outro e com o mundo. Este saber não se reduz ao conhecer propriamente dito (efeito da inteligência), mas também ao "orientar-se" e ao "comportar-se" diante da vida, ou diante do saber. É uma posição que move o sujeito ainda que este não saiba nomeá-la. Nesse sentido, o saber é efeito do desejo inconsciente, de acordo com Santos (1991). A formação inicial exigirá tanto dos profissionais que nela atuam como formadores, quanto dos(as) professores(as) iniciantes, a problematização da relação com o saber em sua dupla dimensão: o conhecimento formalizado e organizado em forma de teorias, e um saber não sabido que perpassa as relações educativas, mas que não é aprendido nesse tipo de formação.

É sobre esse saber não sabido, presente nos atos e nas escolhas dos professores e professoras e também dos alunos e alunas, que pensamos ser importante nos debruçarmos no decorrer dos processos formativos, pois temos nos deparado com situações enigmáticas no que tange tanto à aquisição de conhecimentos formalizados na formação docente, quanto à aquisição da leitura e da escrita por parte dos(as) alunos(as). De um lado, há uma certa impossibilidade, por parte dos(as) professores(as), de assimilarem as mudanças propostas no campo educacional e, de outro, os(as) alunos(as), que têm demonstrado uma certa recusa em relação à educação escolarizada e suas implicações.

Uma outra questão que o método clínico coloca é a noção de implicação: ao trazer à discussão o método clínico é inevitável pensar que, ao formular uma pergunta, somos parte da pergunta formulada, colocando-nos em um cenário de incertezas, nem sempre confortável e desejável. Este método traz à tona a desmistificação do ideal do método, pois reconhece que o produto do trabalho contém em si algumas partes de desconhecimento, denominadas "zonas cegas", as quais são elementos nem sempre nomeáveis, de ordem inconsciente. Além disso, o método clínico enfatiza mais os processos que precedem e subjazem aos possíveis resultados ou produtos do que os próprios resultados ou produtos.

O trabalho necessário para que o(a) professor(a) se coloque numa posição investigativa, e não numa posição cujo saber antecede um pouco sua relação com o sujeito aluno(a), é lento. Aprender com o que surge e não submeter a uma rápida explicação os "fracassos" do ato educativo é consentir com o imponderável, com o desconhecido. É preciso aceitar trabalhar com as "zonas cegas", no dizer de Levy (2004). O(a) professor(a) passaria, então, a lidar com a incerteza dos resultados da tarefa de ensinar, com o imponderável, pelo fato de se estabelecer uma relação sujeito-sujeito. Procedimentos como memoriais, estudos de caso, relatos de experiência e discussões sobre filmes têm sido utilizados com o objetivo de estabelecer esse tipo de relação.

Ao trabalhar com o método clínico o(a) professor(a) pode narrar e analisar a sua própria relação com o saber e evidenciar a compreensão de seu "estilo" de ser, que pode apontar pistas para o "estilo de ser professor(a)", o que pode alterar significativamente a perspectiva da formação docente, pois se passaria a abordar a implicação do sujeito professor(a) no processo de ensino. Os impulsos inconscientes, os desejos insatisfeitos, o amor e o ódio permeiam as relações entre os sujeitos em situação de ensino e de aprendizagem e não são escamoteados quando do se opera com esse método. É importante assinalar que o(a) aluno(a) "aprende o(a) professor(a)".

A metodologia da Conversação como método de formação

Com relação a esse tema, as pesquisas que desenvolvo acerca da formação docente para a inclusão e diversidade apontam algumas questões: na formação passa a ser necessário que o(a) professor(a) possa elucidar algo daquilo de que se apropriou, aquilo que lhe tenha sido significativo em meio ao que transmite mesmo sem o saber; o que está em questão é a produção do(a) aluno(a), a qual é levada em conta no procedimento avaliativo sem julgamento algum a priori. O trabalho em torno da produção dos(as) professores(as) se constitui em um procedimento processual, começando pelo convite para "conversar" sobre temas desconcertantes presentes em suas práticas pedagógicas, principalmente aqueles ligados à diversidade, como os presentes na epígrafe deste texto. Sexualidade, gênero, raça e etnia, diferenças em relação à condição física e mental e à situação econômica, indisciplina e toxicomania são alguns desses temas. "Conversar" é um princípio que orienta o trabalho.

Para Miller (2003), uma "conversação" é

> [...] um tipo de associação livre, em que se tem êxito. A associação livre pode ser coletivizada na medida em que não somos donos dos significantes. Um significante chama a outros significantes, não sendo tão importante quem o produz em um momento dado. Se confiamos na cadeia de significantes, vários participam do mesmo. Ao menos é a ficção da conversação produzir – não uma enunciação coletiva – senão uma associação livre coletivizada, da qual esperamos um certo efeito de saber. Quando as coisas passam bem, os significantes de outros me dão idéias, me ajudam e, finalmente, resulta – às vezes – em algo novo, um ângulo novo, perspectivas inéditas (MILLER, 2003, p. 23).

Ao "conversar" em um dos grupos de pesquisa em questão, e ao se discutir sobre um determinado assunto se produz um efeito interrogativo junto aos sujeitos sobre os elementos subjetivos que perpassam o processo de ensino e de aprendizagem. Buscar a formalização teórica desses elementos é consentir com o fato de nem todos serem passíveis de elucidação. Por isso, o importante é "conversar", trocar significantes.

Nesse sentido, estudo e pesquisa/intervenção se direcionam para atender a uma demanda vivida e percebida no cotidiano da educação que se compõe ainda por uma maioria de mulheres.

Este foi o foco deste projeto de pesquisa/intervenção: buscar através de um grupo de Conversação escutar os discursos das mulheres professoras diante das experiências de mal-estar que tangem às diferenças. É a partir das Conversações que foram realizadas, em número de oito encontros, que tivemos a oportunidade de organizar pontos importantes desse dispositivo.

As professoras foram convidadas a falar livremente sobre suas experiências cotidianas na escola e seus ideais enquanto educadoras. Nesse dispositivo de pesquisa/intervenção é o próprio grupo que diagnostica, identifica e se implica nos fenômenos psíquicos explícitos e implícitos no processo de ensino-aprendizagem e na busca de saídas para lidar com os impasses advindos da relação professor-aluno. Das Conversações realizadas, ao extrair as questões trabalhadas na pesquisa/intervenção, a aposta se faz no possível deslocamento dos discursos das mulheres-professoras em torno da função docente inserida em uma comunidade que naturaliza algumas práticas e situações e por vezes segrega as diversidades/diferenças. Os discursos apurados, gravados, transcritos e analisados falam de uma impossibilidade/impotência possível de ser diminuída quando se aposta na formação para além de seus aspectos teóricos. Nas Conversações, os(as) sujeitos em situação de formação estão a todo momento questionando se agiram corretamente em uma determinada situação, principalmente quando essa ação envolve o trato com as diferenças subjetivas. O posicionamento ético permite que se faça uma escolha por um determinado procedimento ou ato em sala de aula e possibilitará ao sujeito assumir essa escolha, pois sempre haverá múltiplas possibilidades de atuação. A Conversação sobre essas possibilidades também funciona como um balizador, que leva cada um(a) a decidir sobre a justeza de seu ato. A indicação, a leitura e a discussão de textos teóricos são apresentadas após as Conversações, produzindo assim uma maior possibilidade de apropriação do saber vindo de outro. Além disso, a perspectiva de uma possível epistemologia da prática passa a conviver com uma episteme universal e hegemônica, que prescreve conhecimentos e modelos de formação. Nessa perspectiva, uma arqueologia do trabalho docente é requerida para se investigar como os saberes da experiência são construídos junto aos conhecimentos hegemônicos, sem que os primeiros sejam subsumidos a tais conhecimentos.

Outro aspecto apontado nas Conversações é que é a partir do momento em que é possível considerar o aluno como um sujeito ativo, sujeito de desejo, que a professora pode criar e inovar sua prática pedagógica, principalmente no que diz respeito à prática da inclusão, do trabalho com a diversidade/diferença.

Importante citar o que escreve Pereira (2008) sobre pensar/ofertar a posição do docente em um lugar de nem tudo saber, nem tudo não saber, abrindo espaços para que o aluno possa se fazer sujeito. "Um mestre nunca é o derradeiro, ele é apenas uma passagem, uma dobradiça, através da qual se abre a janela a incitar os tantos outros conduzidos à travessia" (PEREIRA, 2008, p. 203).

Possíveis efeitos da pesquisa/intervenção por meio da Conversação

Embora o discurso das mulheres-professores reitere uma fala que remete à insistência e à repetição da impotência e/ou da impossibilidade que se evidenciam nas palavras, nos significantes, nos lugares, nos termos das professoras, em que quase sempre retornam no sentido de evidenciar suas dificuldades em lidar com o aluno, com as situações que não são recorrentes, que são anormais dentro da lógica sociocultural preestabelecida, preconcebida, é preciso insistir na possibilidade de provocar um certo deslocamento em sua lógica discursiva, e isso não se faz apenas considerando o viés objetivo da formação.

Os aspectos objetivos da formação, ou seja, a apropriação de elementos teóricos que são captados e enunciados pelos sujeitos, por vezes se tornam inoperantes na prática docente. É preciso avançar nas capturas dos efeitos subjetivos, ligados à singularidade de cada um, ao *estilo* de cada um. Não é tão fácil perceber alguns traços que eles e elas poderão elucidar, ou não, pois torna-se difícil narrar esse processo no momento de seu acontecimento. Somente os sujeitos poderão enunciar, algum tempo depois, se a formação produziu algum efeito, embora possam-se verificar no cotidiano alguns de seus traços.

Trabalhar com as noções de sujeito do inconsciente, de relação com o saber e de implicação é algo complexo, pois estas noções ainda são pouco utilizadas em pesquisas acadêmicas e em processos de formação docente, principalmente em nosso país. Trabalhar com uma noção pressupõe que, ao desenvolver práticas que a utilizam e ao descrever os fenômenos balizados por ela, sejam avaliadas as possibilidades e os limites dessa noção, analisando-se a viabilidade de operar com ela para elucidar problemas e apontar novas leituras da realidade. O método clínico permite essa reflexão, uma vez que não escamoteia os obstáculos e os impasses daí decorrentes.

A implicação da subjetividade do(as) pesquisador(as) em suas dimensões consciente e inconsciente é tratada, no método clínico, não como obstáculo à compreensão, mas como um fenômeno a ser reconhecido e trabalhado no processo de produção de conhecimento. Levo em consideração também a riqueza de se trabalhar com uma noção que, devido a sua fluidez, permita que se possa transformá-la, indo-se além do conhecimento formalizado, estabilizado, o que permite transitar nas fronteiras do desconhecimento, das incertezas, do imprevisível.

O princípio axial deste trabalho é o da incompletude do saber. Partindo do princípio de que há um mal-estar inerente à condição humana e de que não é possível escamotear esse mal-estar, seja na produção de conhecimentos, seja na transmissão destes, a partir da concepção de sujeito dividido e plural, faz-se necessário continuar perguntando e sistematizando saberes que permitam operar com uma formação para a diversidade e a inclusão.

Como operar com impasses na formação docente

O texto a seguir é uma metáfora do nascimento de uma criança diferente no seio de uma família. Fala das expectativas, da decepção subsequente e da possibilidade de lidar com a descoberta de uma nova situação. Essa situação pode ser vivida pela escola, quando recebe uma criança "diferente" pela primeira vez. Portanto, é uma reflexão que se faz necessária na escola e pelo(a) professor(a) que está em contato com a criança. Quais os desafios e as descobertas dessa nova situação?

> **Bem-vindo à Holanda!**
> *Emily Perl Knisley*
>
> Frequentemente sou solicitada a descrever a experiência de dar à luz uma criança com deficiência. É uma tentativa de ajudar pessoas que não têm com quem compartilhar essa experiência única, a entendê-la e imaginar como é vivenciá-la.
>
> Seria como...
> Ter um bebê é como planejar uma fabulosa viagem de férias para a Itália! Você compra montes de guias e faz planos maravilhosos! O Coliseu. O Davi de Michelangelo. As gôndolas em Veneza. Você pode até aprender algumas frases simples em italiano. É tudo muito excitante.
>
> Após meses de antecipação, finalmente chega o grande dia! Você arruma suas malas e embarca. Algumas horas depois você aterrissa.
>
> O comissário de bordo chega e diz: "BEM-VINDO À HOLANDA!"
>
> "Holanda!? diz você, o que quer dizer Holanda? Eu escolhi a Itália! Eu devia ter chegado à Itália. Toda a minha vida eu sonhei em conhecer a Itália." Mas houve uma mudança de plano de voo. Eles aterrissaram na Holanda e é lá que você deve ficar.
>
> A coisa mais importante é que não te levaram a um lugar horrível, desagradável, cheio de pestilência, fome e doença. É apenas um lugar diferente. Logo, você deve sair e comprar novos guias. Deve aprender uma nova linguagem. E você irá encontrar todo um novo grupo de pessoas que nunca encontrou antes.

Geralmente o que escutamos de professores(as) em momentos de formação é que não estão preparados(as) para lidarem com as especificidades que cada sujeito apresenta. Para que possamos mudar essa lógica de estarmos preparados(as) com uma questão pronta e acabada, para uma outra lógica em que nos preparamos o tempo todo, em processo, diante de cada singularidade, serão necessários pelo menos dois movimentos: um subjetivo e outro de formação profissional.

Inicialmente cada sujeito – professor(a) – deverá se perguntar que posição ele(a) irá assumir diante da diversidade. Num segundo momento deverá haver um investimento na formação, que precisa romper com modelos preestabelecidos. A partir dessa mudança de posição, poderemos pensar num movimento mais amplo: o político.

Em relação ao primeiro aspecto – o subjetivo –, podemos afirmar que a racionalidade científica é importante para os processos formativos e informativos, porém ela não modifica por si só o imaginário e as representações coletivas negativas que se construíram sobre os ditos "diferentes" em nossa sociedade. É importante que o(a) professor(a) discuta com seu(sua) colega quais imagens e representações circulavam em sua casa e em conversas informais sobre pessoas com deficiência para perceber o quão profundas e arraigadas são essas representações.

O aspecto subjetivo está sobremaneira ligado à construção da identidade docente, e a identidade não é um dado adquirido, não é uma propriedade, não é um produto. A identidade é um lugar de lutas e conflitos. É um espaço de construção de maneiras de ser e estar na vida e conquentemente na profissão docente.

O conceito de identidade é complexo e situa-se em várias encruzilhadas. Tem sido de interesse de áreas diversas, como Antropologia, Ciências Sociais, Psicologia, Psicanálise, Filosofia, que têm contribuído com algumas formulações. A nossa identidade se compõe de nossa raça/etnia, nacionalidade, sexo, idade, gênero, crenças, classe, história de vida. Tudo isso está presente na relação professor(a)-aluno(a) e entre os próprios educadores(as). Nesse sentido, a reflexão sobre a diversidade nos conduz a um repensar da identidade do(a) professor(a).

Os(as) professores(as) se percebem como sujeitos?

Vou localizar um único exemplo aqui para pensarmos essa situação: o magistério das séries iniciais é composto essencialmente por mulheres. Esse fenômeno é chamado de "feminização do magistério". Podemos nos perguntar quais das professoras que estão lendo este texto pensam acerca da diferença que faz educar meninos e meninas o fato de estarem sendo educados(as) essencialmente por mulheres? E mais: por professoras mulheres, que se referem a si próprias na linguagem como se fossem do sexo masculino – os professores, os pedagogos, os alunos –, justificando esse ato como sendo puramente uma obediência à regra gramatical.

Cada construção linguística que fazemos, cada gesto nosso e até nossos pensamentos estão perpassados por nossas escolhas, às vezes inconscientes, possibilitando diferentes e múltiplos caminhos a serem trilhados. Descobrir os motivos dessas escolhas, entendê-las, analisá-las à luz de uma reflexão colada aos processos históricos e sociais da humanidade deveria ser uma das tarefas do(a) educador(a). O que é que leva a mulher a ser professora? Essa escolha se situa no âmbito da missão, do amor pelas crianças, da conciliação possível entre a vida familiar e a vida profissional ou em relação ao "desejo" de ensinar? E o que significará esse desejo de ensinar?

Essa reflexão nos levará a entender que somos múltiplos, mutáveis, imprevisíveis, fragmentados. Esta é uma discussão que precisa estar presente na escola: ao nos considerarmos sujeitos poderemos ter um outro olhar para o(a) nosso(a) aluno(a). Uma visão e uma prática pedagógica que enxergue o outro nas suas semelhanças e diferenças não condiz com práticas discriminatórias nem com a crença em um padrão único de comportamento, de ritmo, de aprendizagem e de experiência. A ideia de padronização dá margem ao entendimento das diferenças como desvio, patologia, anormalidade, deficiência, defasagem, desigualdade.

O trato desigual das diferenças produz práticas intolerantes, arrogantes e autoritárias. Em primeiro lugar, na prática pedagógica cotidiana, os problemas não se apresentam de forma definida ou dados *a priori*. Na prática pedagógica com alunos(as) com deficiência, podemos perceber essa questão. Nós fazemos um curso de Linguagem Brasileira de Sinais (LIBRAS), mas recebemos um(a) aluno(a) com deficiência visual, o que nos levará a buscar conhecimentos específicos para lidar com a cegueira.

O que queremos dizer é que a atividade profissional não deve se voltar exclusivamente para a solução de problemas, mas antes disso, para a estruturação do problema, envolvendo também a definição de decisões, os fins e os meios para atingir essas decisões.

A formação não é algo meramente precedente ao fazer pedagógico. Sem dúvida, ela acontece nos cursos de formação e nos cursos de licenciatura. Mas é no próprio trabalho que ela se configura, é ali que o(a) profissional cria forma definitiva. A configuração do(a) profissional da educação se dá, portanto, em seu cotidiano. Com base nos conflitos que vivencia em sua prática diária é que o(a) professor(a) elabora e reelabora teorias, constrói novos saberes, novos saber-fazer. Ou seja, sai da lógica do estar preparado(a) para a lógica do ir se preparando a partir do surgimento da questão.

Além disso, a prática docente envolve uma série de ações que as pessoas não sabem descrever com precisão. "Existe um saber que se dá no fazer." Esse saber tácito ou conhecimento prático é adquirido através do exercício da atividade, a partir da experiência adquirida. Os(as) professores(as) dão respostas imediatas a problemas que se enquadram dentro da mesma estrutura que outros problemas já resolvidos.

Por outro lado, há outra concepção acerca da formação docente, que procura ressaltar o fato de que os(as) professores(as) se tornam os(as) professores(as) que são porque retraduzem para si, a partir de suas características pessoais, os conhecimentos teóricos, as interações que vivenciam dentro e fora da escola, as observações que fazem de outras práticas docentes antes de se tornarem professores(as) e no próprio contexto onde atuam.

De acordo com essa perspectiva de análise, os(as) profissionais criam, com base em sua experiência, soluções para os problemas que eles(as) próprios(as) definiram como sendo relevantes. Ou seja, os(as) professores(as) constroem saber, constroem conhecimentos e não apenas se utilizam dos conhecimentos produzidos nas instâncias consideradas responsáveis pela formação docente. Esses(as) profissionais têm como perspectiva uma posição investigativa, de pesquisa cotidiana.

Nessa perspectiva, o desafio consiste em conceber a escola como um ambiente educativo, onde trabalhar e formar não sejam atividades distintas. A formação deve ser encarada como um processo permanente, integrado no dia a dia dos(as) professores(as) e das escolas, e não como uma função que intervém à margem dos projetos profissionais e organizacionais. A escola deve ser um espaço de formação capaz de possibilitar a seus(suas) profissionais a aquisição de novos conhecimentos a partir da discussão e análise das próprias ações educativas. A escola deveria assegurar, através de sua organização, que a formação dos(as) professores(as) se desse de forma contínua, interativa e dinâmica.

É necessário compreender *como* e *em que* condições o conhecimento dos(as) professores(as) acerca de sua prática vem sendo produzido nas escolas. Não basta afirmar que a formação profissional deve ocorrer concomitantemente à prática educativa, tampouco que os(as) profissionais devem ser reflexivos(as) e autônomos(as). É preciso que se questione o *modo* como as práticas escolares, com seus condicionantes, podem limitar ou restringir sua ação e influenciar sua formação.

À medida que fica evidenciada a importância dos saberes produzidos na prática, bem como a importância do papel que o próprio sujeito tem na formação de sua identidade profissional, somos levados a crer que a configuração do profissional da Educação Inclusiva relaciona-se a estes dois aspectos: o subjetivo e o da formação. Esses dois aspectos vão desembocar num terceiro, que é o aspecto político, o qual implica reivindicações que modifiquem a estrutura da escola que temos.

Capítulo 2
A inclusão e as mudanças por ela requeridas

Este capítulo visa discutir a inclusão como um processo de mudança e de reestruturação das escolas como um todo, com o objetivo de assegurar que todos os(as) alunos(as) e alunas possam ter acesso a todas as oportunidades educacionais e sociais oferecidas pela escola, incluindo o currículo, a avaliação, os registros e os relatórios de aquisições acadêmicas dos(as) alunos(as), as decisões que estão sendo tomadas sobre os agrupamentos destes(as) na sala de aula, a pedagogia e as práticas docentes. Além disso, pressupõe a criação e consolidação de redes de atendimento e a definição de como a escola vai trabalhar para fortalecer essas redes junto aos profissionais de outras áreas e às famílias.

Tomando a situação da inclusão no Brasil, podemos afirmar que atualmente ela está no coração da política nacional e da política social. No campo da educação, a inclusão envolve um processo de mudança e de reestruturação das escolas como um todo, com o objetivo de assegurar que todos(as) os(as) alunos(as) possam ter acesso a todas as oportunidades educacionais e sociais oferecidas pela escola. Isso inclui o currículo corrente, a avaliação, os registros e os relatórios de aquisições acadêmicas dos(das) alunos(as), as decisões que estão sendo tomadas sobre seus agrupamentos na sala de aula, a pedagogia e as práticas docentes, e também as oportunidades de esporte, lazer e recreação.

O objetivo dessa reforma é garantir o acesso e a participação de todas as crianças, adolescentes, jovens e adultos, nas possibilidades ofertadas pela escola e impedir a segregação e o isolamento. Essa política foi planejada para beneficiar todos(as) os(as) alunos(as), incluindo aqueles(as) pertencentes a minorias linguísticas, raciais e étnicas, aqueles(as) que têm orientação sexual diferente das escolhas-padrão, aqueles(as) com deficiência ou dificuldades de aprendizagem, aqueles(as) que se ausentam constantemente das aulas por diversas razões, etc.

No que tange às deficiências, o conceito de inclusão envolve um repensar radical da política e da prática; além disso, reflete um jeito de pensar fundamentalmente diferente sobre as origens das aprendizagens e das dificuldades de comportamento.

Em termos formais estamos falando sobre uma mudança da ideia de "defeito" para um "modelo social". Um modelo centrado exclusivamente na criança é baseado na ideia de que as origens das dificuldades de aprendizagem estão sempre localizadas nela. Nesse caso, o objetivo da escola seria ajudar a criança a se encaixar no sistema educacional. Aqui não se assume que a escola precisa mudar de qualquer forma para acomodar uma criança em particular ou para responder a uma maior gama de diversidade da população. Aqui podemos assinalar que esse princípio fundamenta a política de integração. E a mudança de integração para inclusão é muito mais do que uma mudança de moda e uma semântica do politicamente correto. Embora os termos sejam muitas vezes usados como se fossem sinônimos, há uma diferença real de valores e de prática entre eles.

O que é integração?

A integração envolve o preparo dos(as) alunos(as) para serem inseridos(as) nas escolas regulares, o que implica um conceito de "prontidão". O(a) aluno(a) deve adaptar-se à escola, e não há necessariamente uma perspectiva de que a escola irá mudar para acolher cada vez mais uma diversidade maior de alunos(as).

O que é inclusão?

Já o modelo social – a inclusão – baseia-se na proposição de que a sociedade e suas instituições é que são opressivas, discriminadoras e incapacitantes, portanto a tensão precisa estar direcionada para a remoção dos obstáculos existentes à participação das pessoas com deficiência na vida em sociedade, mas também para a mudança institucional, bem como para a mudança de regulamentos e atitudes que criam e mantêm a exclusão.

No contexto da educação, a reestruturação das escolas baseada em diretrizes inclusivas é um reflexo de um modelo de sociedade em ação, por isso requer a interação entre as necessidades individuais e as alterações dos sistemas escolares e sociais. Dessa forma, poderíamos apontar alguns níveis em que essas mudanças deverão ocorrer.

O princípio fundamental da Educação Inclusiva consiste em que todas as crianças devem aprender juntas, onde quer que isso seja possível, não importando quais dificuldades ou diferenças elas possam ter. Nessa perspectiva, o sistema educacional se aproxima da ideia de um caleidoscópio (Mantoan, 1997), ou seja, de uma imagem que contém a capacidade de se formar como única e, ao mesmo tempo, ser diversa, dada a grande riqueza de suas partes.

Nesse sentido, no caleidoscópio cada combinação é capaz de trazer uma imagem final diferente, apresentando-se como uma metáfora bastante elucidativa para expressar a ideia de que há implicações importantes na escolha do tipo de percurso escolar a ser experimentado pelas crianças, e que isso envolve processos diferenciados de sistematização do conhecimento escolar pelo sujeito.

A inserção escolar das crianças com deficiência iniciada desde a Educação Infantil no sistema comum de ensino constitui uma possibilidade de que elas tenham uma trajetória educacional mais favorável para suas aprendizagens, na medida em que partilham de um ambiente comum, marcado pelo princípio da inserção de todos, e não pela ideia de alguns, e onde se vive a possibilidade de conhecer formas diferenciadas das suas de estar no mundo e de aprender, podendo as crianças experimentarem situações de aprendizagem mais ricas para si mesmas e para as possibilidades de intervenção pedagógica.

Um elemento importante na *Declaração de Salamanca* é que em nenhum momento a possibilidade da Educação Inclusiva é separada da construção de uma sociedade inclusiva, reconhecendo, portanto, o atrelamento da instituição escolar ao sistema social, político e econômico vigente na sociedade. No documento, enfatiza-se a necessidade de que a educação seja assumida como a mais alta prioridade política e financeira, incluindo mudanças nas leis educacionais, incorporação de mecanismos democráticos na gestão das escolas, implementação dessa temática em programas de formação inicial e em serviço, e existência de mecanismos favorecedores do processo de inclusão.

Observamos que as professoras e os professores já contemplam em suas discussões a complexidade dos elementos presentes no processo de inclusão do(s) aluno(s) com deficiência na escola comum, demonstrando, ainda, estarem atento(s) à dimensão política desse ato, como aborda uma professora:

> [...] a educação inclusiva é um projeto importante, mas incluir a criança não quer dizer apenas colocá-la na escola. Efetivar a inclusão depende da união entre escola, família, poder público, sociedade... da formação que o professor precisa para atuar profissionalmente com essa criança, integrando-a na sociedade como pessoa que aprende e como cidadão [...] (Paula)

Nesse movimento de mudanças, a escola tem uma importante função e deve ter condições para desempenhá-la com mais segurança e clareza. Para isso, é preciso que haja investimentos na materialidade das escolas, na formação dos docentes e na valorização dessa atividade.

Porém, se não houver uma abertura para o trabalho com a diferença, em toda sua ousadia, se a diferença presente no outro for uma precondição para que ele não seja reconhecido como outro, se os referenciais escolares continuarem os mesmos, não há caminho para a inclusão, ela torna-se uma proposta vazia e sem direção.

Em função de todas essas questões, o momento atual do Brasil ainda é de coexistência destes dois sistemas, o de cascata e o caleidoscópico, o que não representa por si só um antagonismo, se considerarmos a complexidade do sistema educacional brasileiro, as desigualdades socioeconômicas do país e as marcantes diferenças regionais. Entretanto, a fluidez com que essas questões aparecem nas políticas municipais, estaduais e federais dificulta o processo de construção de uma nova lógica, tornando as experiências inclusivas fragmentadas, em vez de consolidá-las como políticas mais ampliadas.

A criação da Secretaria de Educação Continuada, Alfabetização, Diversidade e Inclusão (SECADI) em articulação com os sistemas de ensino visa implementar políticas educacionais nas áreas de alfabetização e educação de jovens e adultos, educação ambiental, educação em direitos humanos, educação especial, do campo, escolar indígena, quilombola e educação para as relações étnico-raciais. O objetivo da SECADI é contribuir para o desenvolvimento inclusivo dos sistemas de ensino, voltado à valorização das diferenças e da diversidade, à promoção da educação inclusiva, dos direitos humanos e da sustentabilidade socioambiental visando à efetivação de políticas públicas transversais e intersetoriais.

No âmbito político-educacional econômico

Deve haver uma maior flexibilidade para a construção de propostas pedagógicas e de organização escolar. O número de alunos(as) em uma escola inclusiva deve ser arbitrado de acordo com as necessidades dos sujeitos que ali estão inseridos se houver maior comprometimento mental, estrutural ou de comportamento. Deve-se permitir salas com menor número de alunos(as). A Educação Inclusiva é oferecida na sala de aula comum, mas não é incompatível com a noção de apoio, o qual pode ser planejado e oferecido com um(a) assistente de apoio, um(a) estagiário(a) ou outro(a) professor(a) na sala de aula. Para viabilizar esses novos mecanismos, é preciso alterar o valor *per capita* por aluno(a) especial. É claro que ele(a) custará mais que um(a) aluno(a) que não possui especificidades de tal ordem. O investimento que ainda hoje é feito em clínicas e escolas especiais deve ser revertido para o processo de inclusão; do contrário, faremos um discurso que só atende o acesso do(a) aluno(a), mas não garante a permanência dele com qualidade.

No âmbito da valorização e formação do(a) professor(a)

A inclusão implica que todos os(as) professores(as) têm o direito de receber preparação apropriada na formação inicial em educação e no desenvolvimento profissional contínuo durante sua vida profissional. Como abordamos num primeiro momento deste capítulo, a preparação para lidar com o(a) aluno(a) deficiente pode se dar antes ou concomitantemente ao processo de adaptação do(a) professor(a) com um novo(a) aluno(a) especial, constituindo-se também como um espaço em que possa expressar seus medos, angústias, receios. A formação do(a) professor(a) também deve ser inovadora. Precisamos abandonar modelos de formação calcados na técnica, nos padrões, modelos que geram professores(as) repetidores(as) para uma posição investigativa. Isso se faz através da formação via pesquisa. Essa formação ainda precisa trabalhar a lógica do trabalho coletivo em detrimento do trabalho individual, que faz com que determinado problema apresentado pela criança não pertença a toda a escola, mas a um(a) professor(a).

No âmbito pedagógico propriamente dito

A alteração deve se dar em todo o sistema escolar, para que possa responder às necessidades da criança com deficiência e/ou com necessidades especiais, inclusive na estrutura física que deverá ser alterada. O objetivo da inclusão é mudar radicalmente o que está em geral disponível, por meio da reforma e da organização do currículo, da avaliação, da pedagogia, das formas de agrupamento, das escolas e do sistema educacional como um todo, a fim de responder a uma ampla gama de necessidades, celebrando tanto a diversidade de forma geral (de gênero, de raça e etnia, de linguagem de origem, de nível de aquisição de aprendizagem) quanto a deficiência.

Na mudança da lógica do aluno como objeto para a lógica do aluno como sujeito que traz diferenças

Não é possível ensinar tudo a todos ao mesmo tempo. Será preciso rever processos avaliativos, sem que isso signifique ausência de avaliação. O ponto de partida deve ser o que aquele sujeito sabe, o que aprendeu para propor novos desafios, e não a comparação com a aprendizagem do outro. Também a função da escola não poderá se restringir a ensinar a ler e a escrever, tampouco transmitir conteúdos preexistentes. É preciso ampliar essas intenções, visando superar os problemas do chamado fracasso escolar.

Na superação dos problemas do fracasso escolar

O fracasso escolar ainda hoje aparece entre os principais problemas de nosso sistema educacional. E ainda é o mais estudado e discutido. Porém, o que ocorre muitas vezes é a busca pelos culpados de tal fracasso e, a partir daí, percebe-se um jogo em que se culpa ora a criança, ora a família, ora uma classe social, ora todo um sistema econômico, político e social.

Como a aprendizagem acontece com base num vínculo e como é um processo que ocorre entre subjetividades, nunca uma única pessoa pode ser culpada. Temos aqui uma questão: onde está o elo partido, que inviabiliza o acesso a essa subjetividade, indispensável ao processo de educação e formação de crianças e jovens?

Diante disso, torna-se necessária a realização de intervenções que possibilitem uma visão sistêmica dos fatos que envolvem as dificuldades enfrentadas pela escola em relação aos problemas de aprendizagem, os quais estão para além daqueles enfrentados pelas pessoas com deficiência. Torna-se imperativo o desenvolvimento de atividades interdisciplinares, que envolvam os(as) profissionais da escola, da saúde, os membros da família e os(as) alunos(as). Assim, todos(as) os(as) profissionais da área social e de saúde com suas ferramentas, instrumentos e técnicas de trabalho poderão ser de grande valia na colaboração do trabalho da escola.

Na mudança do sistema seriado aos ciclos de idade de formação

O sistema tradicional de ensino baseado na seriação desconhecia as peculiaridades do sujeito e centrava-se em transmissão de conteúdos, na maioria das vezes sem sentido para os alunos. Esses conteúdos já formatados ignoravam as diferenças culturais, na crença da construção de uma sociedade hegemônica. Eram transmitidos a partir da lógica da didática: ensinar tudo a todos ao mesmo tempo, o que gerava processos avaliativos classificatórios e excludentes.

Considerando que a educação básica deve configurar-se num tempo inteiro, sem interrupções em relação ao desenvolvimento de competências e na exploração das potencialidades dos alunos, devem-se levar em conta as características específicas dos sujeitos em cada etapa de suas vidas. Assim, uma escola que ensina a infância guarda especificidades em relação a uma escola que ensina a juventude.

As escolas ainda precisam avançar muito na compreensão do que representa um sistema de ensino organizado por ciclos da formação humana, pois essa compreensão exige uma mudança de concepção de aluno como objeto para aluno como sujeito e um aprofundamento teórico nas teorias do desenvolvimento na perspectiva sociointeracionista. Não basta dizer que a escola é de ciclos, quando prevalece a lógica do sistema seriado que, ao centrar-se em conteúdos prévios, classifica e exclui as diferenças.

A escola deve ser um ambiente que reflita a sociedade tal qual ela é. Os(as) alunos(as) com necessidades educacionais específicas incluídos deverão ter garantido seu espaço e ter oportunidade para aprender. Para tal, considerar a mesma faixa etária na formação de grupos de alunos é muito importante: um aluno com 14 anos, mesmo que tenha uma "idade mental" de uma criança de 8 anos, tem um desenvolvimento físico de um jovem de 14 anos; então, enturmá-lo com alunos mais novos o impedirá de ter acesso a aprendizagens importantes para sua faixa etária.

Uma concepção avançada de ciclos da formação humana levará os(as) professores(as) a entenderem que necessitam alterar sua concepção em torno do currículo e da avaliação.

No currículo

O currículo pode ser entendido como elemento simbólico que corporifica as intenções e representações da escola na produção de sua identidade cultural. Nesse sentido, ele se constrói no interior das instituições escolares, nos acordos e conflitos diários no interior dessas escolas. Mas as escolas não existem à revelia de uma sociedade; portanto, falar em currículo é necessariamente falar em como a sociedade compreende cultura e conhecimento e quais processos ela utiliza para legitimar determinados saberes em detrimento de outros. É na elaboração do currículo que são definidos os aspectos voltados diretamente para a prática pedagógica, marcando o espaço e o papel exercido por todos os diferentes elementos ligados no processo educativo: o tempo escolar, a articulação entre as diversas áreas de conhecimento, os conteúdos e programas, as escolhas metodológicas e as definições de valores projetados pela escola.

Por sua característica essencial que é a dinamicidade, ele precisa ser pensado e discutido constantemente a fim de buscar a coerência entre o currículo escrito e o currículo ativo. Na perspectiva de uma Educação Inclusiva, a centralidade do currículo passa a ser o sujeito, sua cultura e seu ritmo de aprendizagem. Não basta oferecer uma gama de conteúdos escolares sem que se leve em conta a assimilação desses conteúdos pelos sujeitos. Também não se trata de esvaziar a escola e os conteúdos escolares, o desafio está em conciliar os conteúdos com as diferenças subjetivas de gênero, raça e etnia, de condição física e mental, dentre outras. Construir um currículo numa perspectiva multicultural exigirá um esforço dos professores nos seguintes aspectos: rompimento das fronteiras entre as disciplinas curriculares; integração de saberes decorrentes da interdisciplinaridade, em contraposição ao excesso de informações e de conhecimento sem sentido; formação de uma rede de conhecimentos e de significações construídos junto aos alunos; escolha de temas que partam da realidade, da identidade social e cultural dos alunos.

É necessário salientar que não basta oferecer uma variedade de atividades que sejam desconexas entre si ou que não se interroguem sobre as intenções que as perpassam. Sabemos que a seleção do currículo, quando se desliga da cultura extraescolar que rodeia os alunos, coloca-lhes uma distância entre o que a escola transmite e o que vivem fora dela. Quando os educadores desconsideram a cultura popular como uma base de conhecimento significativa, geralmente desvalorizam os estudantes ao rejeitarem trabalhar com o conhecimento que estes possuem, eliminando assim a possibilidade de desenvolver uma pedagogia que ligue o conhecimento escolar com as diversas esferas que ajudam a construir a vida cotidiana.

Para viabilizar a proposta pedagógica inclusiva, cabe apontar a flexibilização curricular, a qual será pensada a partir do contexto grupal em que se insere determinado aluno. As adequações se referem ao contexto, e não à criança; dessa forma, leva-se em conta a sala de aula e o particular ponto de encontro que ocorre entre o sujeito, sua história, o professor, sua experiência, sua concepção de ensino e de aprendizagem, a instituição escolar, o plano curricular, as regulamentações, as expectativas dos pais, entre outros. Assim, não é possível pensar em adequações gerais para sujeitos em geral. As flexibilizações curriculares devem ser pensadas a partir de cada situação particular, e não como propostas universais, válidas para qualquer contexto escolar. As adequações feitas por uma escola e, mais especificamente, por um professor, só são válidas para aquele grupo e para aquele momento (MEC, 2001).

Na medida em que é pensada a partir do contexto e não apenas a partir de um determinado aluno, entende-se que todas as crianças podem se beneficiar com a implantação de uma adequação curricular, que funciona como instrumento para implementar uma prática educativa para a diversidade. As adequações curriculares devem produzir modificações que possam ser aproveitadas por todos os sujeitos de um grupo ou pela maior quantidade deles (MEC, 2001).

Cabe salientar, ainda, que além de não serem generalizáveis, as adequações curriculares devem responder a uma construção do professor em interação com o coletivo de professores da escola e outros profissionais das áreas de educação e saúde (MEC, 2001).

Na avaliação

A avaliação deve ser entendida como elemento dinâmico que perpassa toda a efetivação do processo. Deve refletir sobre dois aspectos: avaliação da aprendizagem/rendimento escolar (verificação do aproveitamento do aluno) e avaliação do plano de trabalho da escola (revisão do próprio projeto pedagógico - PP). No primeiro ponto, é preciso avançar das concepções de avaliação classificatórias e excludentes para avaliações que percebam e considerem o movimento constante do sujeito diante de seu processo de aprendizagem. Já a avaliação institucional ganha significado especial à medida que possibilita a análise conjunta de todo o processo.

Rever a concepção de avaliação é, sobretudo, rever as concepções adotadas pelos professores sobre a aprendizagem, a educação e a escola. A avaliação é parte do projeto pedagógico apoiado em princípios e valores comprometidos com a aprendizagem de todos os alunos e com a transformação da realidade. A avaliação do processo de aprendizagem dependerá, inicialmente, de um acolhimento incondicional da situação dada. Isso porque, quando o professor está resistente em relação à situação de uma sala de aula, poderá de início estar fechado para reconhecer a produção de seus alunos, enfocando mais os aspectos que o aluno não conseguiu alcançar do que aqueles que ele já conseguiu. Para ser coerente com uma prática que considere a diferença, devemos optar pela avaliação como um processo. Trata-se de uma análise do percurso de cada estudante, do ponto de vista da evolução de suas competências ao resolver problemas de toda ordem e de seus progressos na organização do trabalho escolar, no tratamento das informações e na participação na vida social da escola.

Para avaliar o percurso de cada estudante, o professor precisará compreender que cada um deles é parte ativa dessa avaliação, assim como ele próprio. O ato de avaliar tem início na proposição pelo(a) professor(a) das atividades. É preciso que o(a) professor(a) tenha clareza de que elas são instrumentos usados para tal e podem se dar através de provas, jogos, brincadeiras, pequenas peças teatrais, entre outras. A partir daí deverá coletar dados que explicitem em que ponto do desenvolvimento seu aluno se encontra (constatação). Essa constatação da aprendizagem e a observação dos erros cometidos por ele servirão para o planejamento de novas estratégias ou metas estabelecidas visando melhorar o nível de aprendizagem.

Na sala de aula

Qual seria, então, a concepção de ensino e de aprendizagem compatível com o modelo social da inclusão, que, além de acolher as diferenças de gênero e sexualidade, raça e etnia, acolhe também as diferenças de condições físicas e mentais, e as dificuldades de aprendizagem?

A apropriação e escolha de uma concepção de ensino e aprendizagem é o fator fundamental que orientará o olhar de professores(as) sobre os sujeitos que aprendem. É também a partir dessa definição que serão delineados os objetivos da ação pedagógica. Para o trabalho com as pessoas com deficiências, transtornos globais do desenvolvimento e altas habilidades, isso parece trazer consequências delicadas para as suas aprendizagens, pois, adotando, por exemplo, a concepção gestaltista ou behaviorista, o desenvolvimento estaria colocado em primeiro plano, o que acaba por levar os(as) professores(as) a apostarem mais nas "deficiências" dos alunos do que no seu potencial para aprender. Existem capacidades, talentos e interesses em cada um desses sujeitos que abrem portas para a sua aprendizagem e para o seu contato com o mundo. No caso das pessoas com deficiências, transtornos globais do desenvolvimento e altas habilidades, esse aspecto precisa ser extremamente valorizado.

Mesmo a concepção piagetiana que apresenta alguns avanços na concepção de sujeito, colocando-o como ativo na construção de suas hipóteses para o que quer conhecer, ainda se mostra insuficiente para dar conta do potencial de construção dos alunos, pois ainda se apoia muito no padrão de desenvolvimento preestabelecido pelos estágios de construção do pensamento. A concepção desenvolvimentista poderá trabalhar novamente para que o aluno encontre o que os(as) professores(as) esperam dele, e não no sentido da busca do conhecimento por professores(as) em interação com seus alunos.

A abordagem sociointeracionista parece ser a mais promissora no trabalho com pessoas com deficiências, transtornos globais do desenvolvimento e altas habilidades, por acreditar que desenvolvimento e aprendizagem caminham juntos, podendo inclusive acontecer em função da organização da aprendizagem pelos pares mais avançados. Alunos que estejam mais à frente em determinadas hipóteses de construção do conhecimento interagindo com outros que apresentam mais dificuldades podem contribuir para o sucesso dos últimos.

Essa proposta parece ser mais coerente com a ideia de inclusão, pois nenhum aluno pode ser excluído ou impedido de seguir em frente por não ter maturidade ou estar pronto para aprender. O(a) professor(a) ganha em motivação e por não se fixar em nenhuma ideia preconcebida dos alunos, acreditando que suas dificuldades não possam ser melhoradas.

Um segundo aspecto a ser apontado: o diagnóstico dado pelo(a) professor(a) ganha maior importância, pois, se ele conhece o potencial de seus alunos(as) na sua singularidade, poderá lhes propor um projeto pedagógico apropriado. O(a) professor(a) passa a se considerar também um sujeito que produz saber e pode operar com ele na investigação cotidiana que o trabalho com pessoas com deficiências, transtornos globais do desenvolvimento e altas habilidades lhe exige.

No quadro a seguir apresentamos a síntese das diversas concepções de aprendizagem em curso e fazemos uma defesa em prol das teorias de base sociointeracionista por acreditar que esta teoria fornece elementos importantes à perspectiva da inclusão. Vamos saber um pouco mais sobre ela.

Teoria	O sujeito	Papel do professor	Desenvolvimento e aprendizagem	Avaliação
Behaviorismo	É o produto do meio.	Planeja sistematicamente os passos dos alunos através de reforços negativos ou positivos. Currículo preestabelecido.	O desenvolvimento se dá do mais simples para o mais difícil. A aprendizagem é baseada na repetição e memorização e tem origem na experiência.	Baseia-se nos resultados e é quantitativa. Não tolera o erro.
Gestaltismo	Desconsidera a ação dos sujeitos sobre o objeto, pois as estruturas estão pré-formatadas. É predeterminado por sua genética.	Facilitador da aprendizagem, que se dá por meio de *insights*.	A hereditariedade é determinante para o desenvolvimento e aprendizagem, assim como a maturação.	Baseada na ideia de prontidão e imaturidade dos aprendizes.
Teoria socio-interacionista	É sujeito ativo e que constrói hipóteses; importância da interação social no processo de conhecimento.	Existe a possibilidade de maior diálogo entre professores e alunos.	A aprendizagem envolve compreensão, reflexão e raciocínio lógico.	Erros são tolerados como parte do processo de ensino e aprendizagem.

A teoria de base sociointeracionista e a educação inclusiva

O soviético Vygotsky (1896-1934) foi o principal representante da concepção sociointeracionista. Sua contribuição para a Psicologia foi resgatar o papel da linguagem e da interação social na construção do pensamento e do conhecimento. Utilizando-se do método histórico-crítico, postula que todo conhecimento provém do social, eliminando a dicotomia preconizada por outras abordagens entre o desenvolvimento e a aprendizagem. Para Vygotsky, o que nos diferencia dos outros animais é a nossa capacidade de mediatizar nossas relações, assim, nossos processos psicológicos superiores (percepção, memória, atenção, pensamento verbal, linguagem) começam a se formar nas relações sociais pela e na linguagem.

Para esse autor, aprendizagem e desenvolvimento são processos distintos, porém interdependentes, sendo que a aprendizagem tem a função de despertar processos internos de desenvolvimento que ainda não se manifestaram nos indivíduos. Essa abordagem procura superar as dicotomias entre individual/social, natureza/cultura, biológico/social, através de um processo de internalização da cultura pelas crianças, caracterizando-se como um processo social que se faz pela mediação da linguagem. Ao internalizar os processos culturais, os indivíduos não precisam de mediação; tornam-se independentes, constituindo assim um modo próprio de ser, de pensar e de sentir, tendo a fala (entendida como instrumento ou signo) como organizadora, preponderante das funções psicológicas superiores e das atividades práticas. Nessa perspectiva, a criança reconstrói individualmente os modos de viver, de sentir e de pensar da humanidade e aprende a organizar seus próprios processos mentais.

O processo de desenvolvimento progride de forma mais lenta do que o da aprendizagem e dessa sequenciação surgem as Zonas de Desenvolvimento Proximal (ZDP). Ao dominar uma operação, a criança está começando a desenvolver processos internos altamente complexos. Ele procura então fazer uma síntese (criação de algo novo) construindo o conceito de ZDP, que é definido como

45

[...] a distância entre o nível de desenvolvimento que se costuma determinar através da solução independente de problemas, e o nível de desenvolvimento potencial, determinado através da solução de problemas sob a orientação de um adulto ou de companheiros mais capazes (VYGOTSKY, 1989, p. 97).

Nesse sentido, a intervenção do professor e dos colegas mais capazes passa a ser fundamental no processo de construção do conhecimento. Alunos que apresentam áreas com dificuldades beneficiam-se muito do encontro com aqueles que já avançaram.

O sujeito deixa de ser apenas a resposta do seu equipamento biológico e passa a ser fruto das relações sociais, e a linguagem ganha um importante papel como mediador fundamental nas relações.

Obter conhecimento envolve estabelecer relações entre a teoria e a prática, além de considerar quais são as representações significativas para o sujeito que aprende. Isso torna impossível que nessa prática pedagógica se desconsiderem as diferenças individuais, ou seja, a singularidade dos sujeitos que aprendem.

A busca do conhecimento é mais importante do que buscar apenas os resultados ou a resposta certa. A ZDP também é usada para avaliar as habilidades cognitivas dos sujeitos e indicar pistas para o professor do que precisa ser mais trabalhado. O papel deste é limitar a complexidade da tarefa até o nível em que o sujeito possa manejá-la, e a linguagem é a ferramenta principal de que se utiliza para controlar o processo de ensino e seus resultados. Logo, a proposta da avaliação é que esta se dê em um processo contínuo.

É nessa interação entre alunos e professores(as), tendo a palavra como mediadora, que a aprendizagem e o desenvolvimento das funções psicológicas superiores vão-se constituindo, assim como os processos de ensino e de aprendizagem. O objetivo desse processo é o estabelecimento de um conhecimento comum que permita ao aluno, posteriormente, realizar sozinho as tarefas, sem a ajuda do professor ou dos pares.

O desenvolvimento das funções psicológicas é influenciado pelo contato da criança com signos culturalmente construídos (a linguagem, os gestos e outros) que, uma vez internalizados, também auxiliam a criança a estimular a si própria. A partir dessa concepção sociointeracionista, os(as) professores(as) poderão continuamente modificar o conteúdo de aula, transformando a aprendizagem em algo dinâmico e rico.

O trabalho com os pais também precisa ser feito, aproximando um número cada vez maior de pais participantes da escola e de seu conselho não apenas nos momentos em que são chamados para saber dos resultados das avaliações de seus filhos, mas numa troca constante com professores(as) e equipe técnica escolar acerca da inclusão e seus desafios.

Com a família

Pela Educação Inclusiva, pode-se combater, no plano das atitudes, a discriminação manifestada em gestos, comportamentos e palavras, que afasta e estigmatiza as pessoas, bem como os grupos sociais. O que a "inclusão" coloca para a família e a escola é o desafio de criar outras formas de relação social e interpessoal, por meio da interação entre o trabalho educativo escolar e as questões sociais, posicionando-se crítica e responsavelmente frente a elas. Para tal, a escola deve propiciar espaços para que a discussão em torno das dificuldades que cercam a inclusão possa acontecer. Ao escutar depoimentos de pais, professores, funcionários e alunos acerca da inclusão e diversidade, além de recolher e circular entre as pessoas fotografias e imagens de pessoas com deficiência, discutir e assistir a filmes que mostrem como elas vivem em seu cotidiano, e os problemas e soluções que forjam, podemos contribuir com o alargamento das concepções e representações acerca da deficiência e da inclusão.

Sabemos que a mudança não se dará somente na família e na escola: é preciso investir também nas redes de atendimentos, pois a noção de inclusão não é incompatível com a necessidade de atendimentos especializados. Faz-se importante potencializar o que vem sendo feito pela saúde, pelo educação, pelo desenvolvimento social, pelos conselhos tutelares, pelo trabalho, pela cidadania e por todos os dispositivos de que dispõe a política local, favorecendo as redes de atendimento.

O atendimento educacional especializado

Em seu artigo 208, a Constituição determina que o atendimento especializado à pessoa com deficiência ocorra, preferencialmente, na rede regular de ensino. De acordo com o MEC/SEESP (2008), é importante esclarecer que:

a) esse atendimento refere-se ao que é obrigatoriamente diverso da educação em escolas comuns e que é necessário para melhor atender às especificidades dos alunos com deficiências, complementando a educação escolar e devendo estar disponível em todos os níveis de ensino;

b) é um direito de todos os alunos com deficiências que necessitarem de atendimento e precisa ser aceito por seus pais ou responsáveis e/ou pelo próprio aluno. A Constituição admite, ainda, que o atendimento educacional especializado pode ser oferecido fora da rede regular de ensino, já que é um complemento, e não um substitutivo do ensino ministrado na escola comum para todos os alunos;

c) o atendimento educacional especializado na sua forma de complementação deve ser oferecido em horário contrário àquele em que os alunos frequentam as escolas comuns, com outros objetivos, metas e procedimentos educacionais, que visam ao oferecimento de condições de acessibilidade comunicacional e ao conhecimento;

d) as ações do atendimento educacional são definidas conforme o tipo de deficiência que se propõe a atender. Como exemplo, para os alunos com deficiência auditiva/surdez, o ensino e de Língua Brasileira de Sinais (LIBRAS), e de português, como segunda língua, ou para os alunos cegos, o ensino do sistema braille, da mobilidade e locomoção, ou o uso de recursos de informática e outros;

e) os professores que atuam no atendimento educacional especializado além da formação básica exigida devem ter formação específica para atuar com a deficiência a que se propõem a atender. Assim como no atendimento educacional especializado, os professores não substituem as funções do professor responsável pela sala de aula das escolas comuns que têm outros alunos com deficiências incluídos;

f) o atendimento educacional especializado é um serviço oferecido, exclusivamente, aos alunos com quadros de deficiências e condutas típicas, sendo inadequado o encaminhamento a este atendimento de alunos com quadros de dificuldades de aprendizagens temporários e próprios do processo de aprendizagem de quaisquer alunos.

Multidisciplinaridade/interdisciplinaridade: construindo as redes de atendimento

Ao pesquisar como funciona uma rede de atendimento de um município inclusivo, podemos destacar como exemplo a atuação de profissionais da Psicologia, da Fonoaudiologia, da Assistência Social, da Medicina num serviço de atendimento que tem interface com a escola. Esses profissionais podem contribuir com a Rede de Apoio à Inclusão de seu Município, desconstruindo o modelo médico e apostando no modelo social da inclusão. Muitos municípios adotam como *lócus* articulador os fóruns de discussão que reúnem os(as) vários(as) profissionais, incluindo os(as) da educação.

O eixo norteador da atuação desses profissionais no tocante à Educação Inclusiva deve ser a ampliação da noção própria de inclusão, que alcance todos os grupos que vêm sendo historicamente excluídos do sistema educacional. Tais profissionais podem contribuir sobremaneira no fortalecimento das políticas públicas, buscando efetivar a intersetorialidade destas e possibilitar a tomada de consciência dos processos de exclusão que ocorrem dentro ou fora da instituição escolar por parte de todos os atores sociais envolvidos. Devem fomentar a criação de espaços de reflexão sobre o processo de construção da inclusão em seu contexto histórico. Caberá ao profissional da Psicologia, especificamente, trabalhar para o consentimento em relação às diferenças individuais.

Assim, os vários profissionais envolvidos na Rede de Apoio à Inclusão contribuirão na redefinição das políticas públicas, com as colaborações de outros campos do saber, fazendo o intercâmbio entre saúde e educação, favorecendo assim a desconstrução de um modelo patologizante para um modelo em que as necessidades de cada um são consideradas, mas não se tornam fatores de exclusão.

Podemos pensar que a inclusão não tem um fim em si, porque ela é, em sua essência, mais um processo do que um destino. A inclusão representa, de fato, uma mudança subjetiva e de valores para as escolas e a sociedade como um todo (MITTLER, 2000). E, se ela é um processo, precisamos trabalhar por uma Educação Inclusiva. Esse processo deve começar bem antes de a criança ir para a escola. Sua fundamentação repousa em uma sociedade em que mães e pais possam se sentir apoiados(as) econômica e socialmente para cuidar da família, seja qual for a configuração dessa família, apenas permitindo a valorização e a aceitação das diferenças de cada criança para que ela possa se estruturar.

Capítulo 3
Definição do alunado com deficiência e/ou necessidades específicas

Este capítulo busca apresentar conceitualmente o que é deficiência e/ou necessidades específicas e como o(a) professor(a) pode lidar melhor com isso na escola.

Define-se como alunado com deficiência aquele que apresenta necessidades próprias e diferentes dos demais alunos no domínio das aprendizagens curriculares correspondentes a sua idade e genericamente são chamados pessoas com deficiência e/ou com necessidades educacionais específicas. Subdivide-se em:
- pessoas com deficiência mental, visual, auditiva ou física e com múltiplas deficiências;
- pessoas com transtornos globais do desenvolvimento (condutas típicas) e altas habilidades (superdotados).

De acordo com o censo sobre pessoas com deficiência no Brasil, produzido pelo IBGE, em 2000, com base conceitual na Classificação Internacional de Funcionalidade, Incapacidade e Saúde – CIF, da Organização Mundial da Saúde, escolheu-se o conceito de limitação de atividades da CIF.

No Brasil as pesquisas sobre as deficiências são insuficientes para sabermos quantos deficientes existem ao certo e quais são suas deficiências. No mundo, a Organização Mundial de Saúde (OMS) afirma que uma entre dez pessoas é portadora de deficiência física, sensorial ou mental, congênita ou adquirida. Isso equivale a dizer que por volta de 10% dos habitantes da Terra são pessoas deficientes. A OMS afirma que nos países do terceiro mundo essa porcentagem pode chegar a 15% ou até 20%. De acordo com os dados do IBGE, no Brasil a população de pessoas com deficiências, em 2000, era de 14,5% (IBGE, 2000).

Para nossa sociedade, a palavra "deficiente" tem um significado muito forte; ela se opõe à palavra "eficiente". Ser deficiente é não ser "capaz", não ser "eficaz". Nos últimos anos, os movimentos de pessoas com deficiências vêm lutando para modificar essa representação.

Quais os tipos de deficiência?

A rigor, existem três tipos de deficiência, sendo que um deles divide-se em dois. Existem as deficiências físicas (de origem motora: amputações, malformações ou sequelas de vários tipos, etc.), as deficiências sensoriais, que se dividem em deficiências auditivas (surdez total ou parcial) e visuais (cegueira também total ou parcial) e as deficiências mentais (de vários graus, de origem pré, peri ou pós-natal). As deficiências múltiplas se definem pela existência de um ou mais tipos de deficiência em um mesmo indivíduo.

Percentual da ocorrência de deficiências na população brasileira

A metodologia usada pelo IBGE admite respostas múltiplas, motivo pelo qual a soma dos dados na tabela não totaliza 14,5% conforme dados do IBGE para a população com deficiência no Brasil.

Mental	1,7%
Física	8,3%
Auditiva	7,4%
Visual	21,1%

Fonte: IBGE, 2000.

O tema Pessoas com Deficiência constou também do questionário da amostra do censo demográfico 2010, composto pelos dados referentes às características mais detalhadas da população brasileira e se encontra em fase de sistematização.

Deficiência mental

O que caracteriza deficiência mental?

É o desempenho intelectual geral significativamente abaixo da média própria do período de desenvolvimento, concomitante com limitações associadas a duas ou mais áreas da conduta adaptativa ou da capacidade do indivíduo em responder adequadamente às demandas da sociedade, nos seguintes aspectos: comunicação, habilidades sociais, desempenho na família e comunidade, independência na locomoção, saúde e segurança, desempenho escolar, lazer e trabalho que resultam em lentidão para aprender; por vezes confusão de ideias, falha ou dificuldade de decisão, de interpretação das condições de segurança e de orientação no meio ambiente. O aluno necessitará de clareza e simplicidade na organização dos espaços e das atividades (SECRETARIA DE ESTADO DA EDUCAÇÃO DE MINAS GERAIS, 2006).

A deficiência mental não pode ser confundida com os quadros de neurose, psicose, autismo, nem com problemas ou distúrbios de aprendizagem, tampouco com peculiaridades advindas do ambiente cultural (diferenças linguísticas, de hábitos, etc.). Considerando que a pessoa com deficiência mental é um sujeito, há situações em que encontramos a deficiência mental associada a um quadro de neurose ou psicose, ou autismo.

Na escola também é muito comum confundir uma criança que está apresentando dificuldades parciais de aprendizagem com a deficiência mental. É importante distinguir essas duas questões a partir de um diagnóstico multidisciplinar, que inclui o relatório pedagógico das dificuldades circunstanciais de aprendizagem, bem como a avaliação de outros profissionais da área clínica.

Para diferenciar a dificuldade de aprendizagem da deficiência, lembre-se de que a criança com dificuldade de aprendizagem não tem deficiência mental, nem deficiência sensorial, nem

53

deficiência motora e nem deficiência emocional, embora possa manifestar:
- discrepância entre o potencial intelectual e o nível de realização escolar;
- desordens básicas nos processos e nas estratégias de aprendizagem;
- sinais de rendimento intelectual deficitário, "privação cultural", perturbações emocionais de adaptação ou dificuldades sensoriais;
- dificuldades instrumentais de tipo perceptivo que repercutem na aprendizagem;
- instabilidade motora e de atenção (hiperatividade);
- dificuldade na coordenação de movimentos;
- dificuldades de ajustamento à realidade e às exigências do trabalho;
- problemas de audição, visão ou fala.

Por tais razões, essas crianças/jovens necessitam:
- que o sistema escolar repense métodos e técnicas de ensino;
- que o sistema escolar possa em alguns momentos oferecer ensino individualizado para essas crianças, na própria sala de aula;
- estruturação das etapas de aprendizagem por pequenos passos;
- constância nos horários e hábitos escolares;
- atividades estruturadas;
- chamadas de atenção para a realidade e suporte ao enfrentá-la;
- ausência de competição escolar;
- referências visuais, auditivas e táteis que facilitem a aprendizagem.

Após ter sido superada a noção de que a deficiência mental é uma doença, têm sido realizados estudos no sentido de conhecer melhor os fatores de risco que podem vir a determinar essa condição.

Tradicionalmente a definição de deficiência mental se baseia no Quociente de Inteligência (QI), atualmente bastante questionado pelas teorias de cunho sociointeracionistas.

Causas

Existe uma complexidade de causas, sendo que elementos múltiplos e interativos estão envolvidos na origem da condição de deficiência mental. Conhecer e identificar esses fatores de risco é necessário para que se possam estabelecer programas de prevenção. No entanto, não existe uma correlação obrigatória entre os elementos apontados como causadores da deficiência e a condição deles resultante – ou seja, muitas pessoas expostas a fatores de risco não apresentam deficiência mental. Além disso, é importante ressaltar que, mesmo utilizando sofisticados recursos diagnósticos, muitas vezes não se chega a definir com clareza a causa da deficiência mental.

Qual o papel da educação em relação à deficiência mental?

Na perspectiva sociointeracionista, devemos dar ênfase à investigação das possibilidades do aluno com deficiência mental, visando ao desenvolvimento máximo de suas potencialidades, tendo como eixo norteador a inclusão. O conceito de zona de desenvolvimento proximal (ZDP), desenvolvido por Vygotsky, nos indica que a criança é capaz de fazer algumas atividades somente se for com a ajuda de pessoas mais experientes. A criança realiza tarefas e soluciona problemas através do diálogo, da colaboração, da imitação, da experiência compartilhada e das pistas que lhe são fornecidas. Esse nível (ZDP) é o mais indicativo para o autor do desenvolvimento mental de determinado sujeito do que aquilo que ele consegue realizar sozinho. A distância entre aquilo que a criança é capaz de fazer de forma autônoma (nível de desenvolvimento real) e aquilo que ela realiza compartilhando com outros membros do grupo social (nível de desenvolvimento potencial) foi o que Vygotsky chamou de ZDP ou zona de desenvolvimento potencial.

Se há em sua escola um caso de criança com deficiência mental, leve em conta que, embora as funções mentais superiores (percepção, atenção, memória) encontrem uma barreira para seu desenvolvimento, isso não acontece de forma mecânica, porque o desenvolvimento encontra vias de realização nas relações sociais.

Recomendações aos(às) professores(as) quando trabalham com pessoas com deficiência mental em classe comum

Acredite que ele(a) pode aprender: isso é importante para a sua aprendizagem; facilite sua inclusão estimulando; a escola deve ter como função ampliar todo e qualquer conhecimento que o(a) aluno(a) traz de sua experiência pessoal, social e cultural e deve procurar meios de fazer com que ele(a) supere o senso comum; interesse-se mais por suas potencialidades do que por suas faltas; a escola deve propiciar aos(às) alunos(as) o compartilhamento do saber, dos sentidos diferentes das coisas, as emoções, o estímulo à discussão e trocas de ponto de vista; a escola deve ser um espaço que permita ao(à) aluno(a) desenvolver um espírito crítico, a observação e o reconhecimento do outro em todas as suas dimensões; a escola deve ter como compromisso difundir o conhecimento universal, mas terá também que saber lidar com a particularidade do sujeito na construção desse conhecimento; não crie rótulos; não infantilize a relação.

Os séculos passaram, trazendo paulatinamente nova compreensão a respeito dessa condição. No entanto, alguns mitos persistem, como:
- toda pessoa com deficiência mental é doente;
- pessoas com deficiência mental morrem cedo, devido a "graves" e "incontornáveis" problemas de saúde;
- pessoas com deficiência mental precisam usar remédios controlados;
- pessoas com deficiência mental são agressivas e perigosas, ou dóceis e cordatas;
- pessoas com deficiência mental são generalizadamente incompetentes;
- pessoas com deficiência não podem ter vida afetiva e/ou profissional;
- para o aluno deficiente mental a escola é apenas um lugar para exercer alguma ocupação fora de casa, ou seja, para socializar;
- pessoas com deficiência mental só estão "bem" com seus "iguais";

- existe um culpado pela condição da deficiência;
- o meio ambiente pouco pode fazer pelas pessoas com deficiência.

Podemos trabalhar novas representações acerca das pessoas com deficiência mental visando superar esses mitos.

Deficiência visual

O que significa deficiência visual?

É a redução ou perda da capacidade de ver com o melhor olho e após a melhor correção ótica, em virtude de causas congênitas ou hereditárias (SECRETARIA DE ESTADO DA EDUCAÇÃO DE MINAS GERAIS, 2006).

Manifesta-se como:

CEGUEIRA: perda da visão, em ambos os olhos, de menos de 0,1, no olho melhor, e após correção, ou um campo visual excedente de 20 graus, no maior meridiano do melhor olho, mesmo com o uso de lentes de correção.

VISÃO REDUZIDA: acuidade visual entre 6/20 e 6/60, no melhor olho, após correção máxima.

A carência ou a séria diminuição da captação da informação ou de um canal sensorial da importância da visão faz com que a percepção da realidade de um cego seja muito diferente dos que enxergam. Isso, contudo, não quer dizer que ele careça de possibilidades para conhecer o mundo ou para representá-lo. O que ocorre é que, para isso, o cego deve utilizar outros sistemas sensoriais. Dois sentidos mostram-se, então, muito importantes: o ouvido e o tato.

O tato constitui um sistema sensorial que tem determinadas características e que permite captar diferentes propriedades dos objetos, tais como temperatura, textura, forma e relações espaciais.

Por representar a perda de um dos sentidos mais úteis no relacionamento do homem com o mundo, a cegueira é considerada uma deficiência grave, que pode ser amenizada por tratamento médico e reeducação.

A cegueira pode ser proveniente de quatro causas: doenças infecciosas, doenças sistêmicas, traumas oculares e causas congênitas.

A aprendizagem do deficiente visual

A aprendizagem de uma criança que nunca teve visão é diferente da que a perdeu já depois de andar e falar. Há conceitos e situações de que a segunda se lembra a partir de inúmeras informações visuais anteriores de que a primeira foi privada. É necessário que ela tenha acesso a experiências concretas e diretas das ações que lhe dizem respeito, que aprenda a realizar sozinha certas atividades e a ter sucesso ao fazê-las.

Tanto o(a) educador(a) de educação infantil como o(a) professor(a) e os(as) colegas podem facilitar a aprendizagem da criança com dificuldades de visão, dando explicações orais, ao mesmo tempo que ajudam a copiar movimentos, pegando em sua mão, ajudando-a a tocar nos objetos ou nas pessoas para que ela aprenda a sequência das atividades.

Se na sua escola tiver algum(a) aluno(a) com deficiência visual, experimente trabalhar com diversos materiais para que ele(a) possa distinguir melhor os sons, os cheiros, as texturas e relacioná-los com o que vê ou não dos objetos e das situações.

Inicialmente pode-se sugerir ao(à) aluno(a) atividades como:
- rasgar pedaços de papel de diferentes texturas para construir painéis, caixas;
- destacar tiras de papel, previamente pontilhadas;
- cortar, com tesoura própria, folhas de papel, tecidos, etc.;
- dobrar pedaços de papel, tecidos, roupas;
- virar páginas de cadernos com a ponta dos dedos;
- passar a mão em grãos, palitos, pregos sem ponta, folhas de papel, clipes, etc.

Para que a criança adquira conceitos, é necessário que as aprendizagens se façam por meio de experiências vividas e reais.

A formação de conceitos a partir de experiências concretas evita que a criança cega adquira uma ideia falsa acerca de seres ou objetos que apenas lhe são descritos por palavras.

Ao trabalharmos com a criança deficiente visual, é necessário pensarmos em suas necessidades básicas, iguais a todas as crianças. O desenvolvimento da linguagem é feito pelo contato com objetos, para que esta perceba as semelhanças e diferenças.

De forma mais prática, durante todo o trabalho de discriminação tátil, o professor deve estar empenhado em estimular a criança cega a:

- explorar o maior volume possível de objetos;
- identificar diversos tipos de objetos;
- classificar diversos tipos de objetos quanto a forma, tamanho, textura, etc.;
- seriar objetos de diferentes espécies (gradação crescente e decrescente), visando preparar o(a) aluno(a) para compreender os diferentes tamanhos de palavras e linhas;
- estabelecer diferenças entre: semelhança, diferença, equivalência; largura (largo – estreito); posição (em cima – embaixo – entre linha vertical – horizontal); lateralidade (esquerda – direita); textura (áspero – liso); distância (longe – perto); comprimento (longo – médio – curto); noção de conteúdo (cheio – vazio);
- compreender a organização da página escrita: leitura da esquerda para a direita, deslizando a ponta dos dedos sobre a linha, de cima para baixo; linhas com começo e fim; linhas completas, linhas com espaços vazios, linhas de tamanhos variados;
- trabalhar o elemento escrito oferecendo linhas pontilhadas; linhas pontilhadas com sinais diferentes, apresentando um modelo e pedindo à criança que o identifique na linha traçada ou pontilhada;
- trabalhar os movimentos corretos das mãos no ato da leitura:
  ✓ conduzir a criança a estar com o dedo em permanente movimento;
  ✓ ler por meio de movimentos contínuos, portanto as pausas são mínimas;
  ✓ ler letra por letra;
  ✓ evitar movimentos desnecessários: de cima para baixo, de baixo para cima, regressivos;
  ✓ evitar excesso de pressão do dedo sobre a letra, diminuindo a qualidade da percepção;
  ✓ alertar a criança para que tenha o cuidado de perceber todas as unidades contidas na linha, de modo a atentar-se

para o processo de alfabetização, lendo palavras. A leitura tátil se faz letra por letra, e a palavra só é percebida quando termina.

Por meio do contato com os objetos, a criança desenvolve suas habilidades manipulativas, cognitivas e sensoriais. Os conceitos que devem ser trabalhados são os mesmos com as crianças que não têm deficiência visual. Elabore atividades para desenvolver os conceitos de: comunicação oral; aspectos de higiene; socialização; coordenação motora; conceitos matemáticos; orientação espacial (para os deficientes visuais é fundamental, a fim de aprenderem a se locomover em qualquer lugar com segurança); lateralidade (ajuda a definir destro ou canhoto devido à inversão da leitura e dos escritos utilizada pelos cegos); desenvolvimento dos sentidos; atividades de vida diária (AVDs) e atividades de preparação para a escrita.

A seguir algumas noções básicas de como se relacionar com as pessoas cegas.

- Não trate o cego como um indivíduo diferente. Ele é uma pessoa como as outras.
- Lembre-se de que a cegueira traz limitações, mas isso não impede o cego de ter uma vida normal.
- O cego não precisa de pena, mas de compreensão e oportunidade.
- Não limite o cego mais do que a própria cegueira, impedindo-o de fazer o que sabe, pode e deve fazer sozinho.
- Ao entrar num recinto onde se encontra uma pessoa cega, fale diretamente com ela. Isso a ajuda a identificar quem é você.
- Se estiver conversando com um cego, avise-o ao se afastar, principalmente se o local for muito barulhento, pois ele poderá continuar falando sozinho.
- Procure auxiliar o cego que pretenda atravessar a rua ou tomar condução; ainda que o oferecimento seja recusado ou mal-recebido, a maioria lhe agradecerá o gesto.
- Ao conduzir um cego para uma cadeira, coloque-lhe a mão no encosto desta. Isso será suficiente para orientá-lo.

- Ao subir ou descer uma escada, siga na frente do cego, deixando que ele segure a parte posterior de seu braço, isto é, o cotovelo.
- Para tomar um carro, encaminhe o cego na direção em que ele deverá entrar, colocando-lhe a mão na parte superior da porta para sua melhor orientação. Se a porta do carro estiver fechada, coloque-lhe a mão na maçaneta da porta. Isso será suficiente para que ele se oriente para o interior do carro.
- No interior de coletivos, não há necessidade de que você ceda lugar a um cego. No entanto, se houver lugar vazio, oriente-o para ocupá-lo.
- Não fique procurando orientar a colher ou o garfo da pessoa cega para apanhar a comida no prato. Ela pode falhar algumas vezes, mas acabará por comer tudo. Será desnecessário que você lhe diga constantemente onde está o alimento.

(Adaptação do texto de Robert Atkinson).

Sistema braille

Utilizado universalmente na leitura e na escrita por pessoas cegas, foi inventado na França, em 1825, por Lowis Braille, um jovem cego. Consta do arranjo de seis pontos em relevo, dois pontos na vertical em duas colunas de três pontos cada.

1• •4
2• •5
3• •6

A diferente disposição desses seis pontos permite a formação de 63 combinações ou símbolos braille para anotações científicas, músicas, etc.

O(A) professor(a) deve dar oportunidade ao(à) aluno(a) para entrar em contato com a reglete, ou o punção ou a máquina Perkins. Algumas orientações preliminares dadas pelo professor fazem-se necessárias para que o(a) aluno(a) cego(a) utilize adequadamente o material de escrita:
- apresente o material por parte, explicando a utilidade de cada componente;
- mostre como abrir e fechar a reglete;

- oriente como encaixar a reglete nos ofícios da prancha;
- ensine a colocar e retirar o papel da reglete;
- oriente para que ele(a) descubra as várias fileiras de celas que formam a parte superior da reglete;
- conduza o(a) aluno(a) a explorar a cela na reglete;
- peça que, após a colocação do papel, o(a) aluno(a) pressione o punção, à vontade, nos diferentes pontos da cela, começando sempre da direita para a esquerda;
- solicite que ele(a) inicie a pontuar, colocando apenas um ponto em cada cela, em qualquer posição; depois solicite que coloque os seis pontos; a seguir, que escreva várias combinações de pontos. Exemplo:

1 _ 11
1 _ 1 _
1 _ 1 _
1-2-3 e 1-2-3-4

- solicite que o(a) aluno(a) faça linhas pontilhadas contínuas e alternadas;
- considere os vários tipos de regletes existentes com suas peculiaridades (formato, material utilizado, número de linhas e celas, procedimento para colocar o papel, etc.), bem como o uso da máquina Perkins, se for o caso;
- explique que, na reglete, a escrita deve ser feita da direita para a esquerda, demonstrando, praticamente, que esse fato não altera a contagem dos pontos.

Alfabetização do(a) aluno(a) com baixa visão

O processo de alfabetização do(a) aluno(a) com baixa visão muitas vezes pode ser mais complexo do que o do(a) aluno(a) cego(a), tendo em vista diversas variáveis envolvidas no uso funcional da visão, tais como: tipo de experiências visuais adquiridas — perceptivas e conceituais; potencial visual utilizável para leitura e escrita; possíveis alterações da sensibilidade aos contrastes e visão de cores; necessidade de adaptação ambiental quanto à iluminação e às condições posturais; necessidade de adaptação de recursos ópticos ou não ópticos.

O(A) professor(a) deve levar em conta que crianças com baixa visão, mesmo com a mesma patologia, têm necessidades particulares e atingem níveis diferenciados de desenvolvimento visual e uso funcional da visão. A programação pedagógica respeitará os diferentes níveis e o potencial do(a) aluno(a).

Essas crianças com perdas visuais severas necessitarão de recursos auditivos, táteis e da aprendizagem do sistema braille para atividades de comunicação e leitura/escrita. Da mesma forma, alunos(as) com grande alteração de campo visual ou necessidade de aproximação extrema do material a ser lido podem utilizar o sistema braille para complementação e facilitação do processo de leitura/escrita. Crianças que funcionalmente operam em níveis perceptivos e conceituais, decodificando estímulos visuais, interpretando imagens visuais (contornos, detalhes, cores, configurações e padrões de objetos e letras), devem ser estimuladas a utilizar ao máximo a visão residual para atividades de leitura e escrita. Entre essas crianças, há as que encontram muita dificuldade para discriminar figuras complexas, por alteração da visão macular (responsável por percepção de detalhes), dificuldade que o(a) professor(a) não deve confundir com deficiência mental. Muitos(as) alunos(as) com deficiência visual encontram dificuldade para discriminar fotos, figuras de animais e desenhos abstratos.

Discriminar letras e números é mais fácil do que figuras complexas. Somente pela experiência visual com letras, números e figuras é que a criança vai aprendendo a construir suas hipóteses perceptivas, antecipando, identificando e generalizando imagens visuais. O aluno com baixa visão pode desenvolver eficiência visual com ajuda de auxílios ópticos adequados, materiais adaptados às suas necessidades visuais e, principalmente, pela organização e adequação do ambiente. Há alunos(as) que necessitam de alta iluminação para poder visualizar os estímulos, enquanto, para outros, a luminosidade e o brilho podem dificultar a fixação e a discriminação visual.

O controle de iluminação na sala é fator importante para eficiência e conforto visual do(a) aluno(a). Muitas crianças podem apresentar dificuldades acomodativas (dificuldade para ver de perto). O desenvolvimento visual delas poderá ser lento e gerar estresse e cansaço pelo esforço visual de acomodação, fato este que não deve ser confundido com preguiça ou falta de motivação.

O planejamento pedagógico objetiva o enriquecimento de experiências visuais significativas, valendo-se de elementos lúdicos adaptados às necessidades de cada aluno(a). Por isso, torna-se impossível a padronização de brinquedos, jogos, materiais ou textos para alunos(as) com baixa visão. Os jogos pedagógicos interativos pelo computador são hoje muito utilizados nos países desenvolvidos como recurso motivador do uso funcional da visão, desenvolvendo as funções visomotoras, perceptivas e conceituais. Além de ser um processo lúdico e prazeroso, o computador permite a utilização de contraste, a ampliação da imagem, conforme a necessidade de cada aluno(a).

Outros(as) alunos(as) poderão necessitar de recursos ampliados, iluminação adequada e mesmo assim apresentar lentidão no processo de leitura/escrita. A qualidade do traçado gráfico do(a) aluno(a) com baixa visão é bastante variável, em virtude das condições visuais de cada um(a). Há alunos(as) que persistirão no uso de letra grande, traçado irregular ou incoordenação, sem conotação de alteração motora. A qualidade do traçado gráfico não deverá ser também critério para introdução da leitura e escrita.

Adaptações na sala de aula

Para possibilitar a participação e o sucesso do(a) aluno(a) com baixa visão na escola, são necessárias adaptações que facilitem o desempenho escolar. Os principais aspectos a serem considerados são o posicionamento do(a) aluno(a) em sala de aula e a adaptação de materiais.

Geralmente, a melhor posição para o(a) aluno(a) com baixa visão é sentar-se em frente ao quadro, no centro da sala. Na escola é importante o(a) professor(a) estar atento à iluminação ambiental. Em alguns casos recomenda-se o atendimento individualizado. A ampliação do material é fundamental, além de recursos tecnológicos, como o kit dosvox e o uso do computador como recurso didático na educação.

Deficiência auditiva

O que é deficiência auditiva?

É a perda da capacidade de ouvir e entender bem as palavras, variando em diversos graus e níveis, desde uma perda leve até a perda total da audição. Pode-se trabalhar com os resíduos auditivos nas atividades educacionais, por meio do uso de aparelhos auditivos que amplificam o som da sala de aula (SECRETARIA DE ESTADO DA EDUCAÇÃO DE MINAS GERAIS, 2006).

Observe se seu(sua) aluno(a) apresenta algum dos sinais indicados:

- as primeiras palavras aparecem tarde (3 a 4 anos);
- não responde ao ser chamado(a) em voz normal;
- quando está de costas, não atende ao ser chamado(a);
- fala em voz muito alta ou muito baixa;
- vira a cabeça para ouvir melhor;
- olha para os lábios de quem fala e não para os olhos;
- troca e omite fonemas na fala e na escrita.

A criança surda e a comunicação

Alguns pais preferem que seus filhos aprendam a falar, outros preferem que aprendam a Língua Brasileira de Sinais, chamada também de LIBRAS. Há os que querem que seus filhos aprendam ambas as línguas; a comunidade surda tem defendido a perspectiva da LIBRAS como primeira língua para escolarização das pessoas surdas.

Não devemos esquecer que a própria criança ou adolescente tem o direito de escolher qual tipo de comunicação prefere utilizar. Alguns sentem-se mais à vontade para se expressarem através da LIBRAS, e outros por meio da língua portuguesa. Isso deve ser respeitado.

Para que possa se comunicar, a criança surda deve aprender algum tipo de linguagem.

A escola precisa preparar a criança surda para a vida em sociedade, oferecendo-lhe condições para aprender um código de comunicação que permita sua participação na sociedade.

Jogos, desenhos, dramatizações, brincadeiras de faz de conta, histórias infantis ajudam a aquisição da linguagem e a aprendizagem de conceitos e regras de um código de comunicação.

Sugestões para a convivência com pessoas surdas ou com deficiência auditiva

- Quando quiser falar com uma pessoa surda, se ela não estiver prestando atenção em você, acene para ela ou toque levemente em seu braço.
- Se ela fizer leitura labial, fale de frente para ela e não cubra sua boca com gestos e objetos. Usar bigode também atrapalha.
- Quando estiver conversando com uma pessoa surda, pronuncie bem as palavras, mas não exagere. Use sua velocidade normal, a não ser que lhe peçam para falar mais devagar; não adianta gritar.
- Se souber algumas palavras em LIBRAS, tente usá-las. De modo geral, suas tentativas serão apreciadas e estimuladas.
- Seja expressivo. As expressões faciais, os gestos e o movimento de seu corpo serão boas indicações do que você quer dizer, em substituição ao tom de voz.
- Mantenha sempre contato visual; se você desviar o olhar, a pessoa surda pode achar que a conversa terminou.
- A pessoa surda que é oralizada, ou seja, que aprendeu a falar pode não ter um vocabulário extenso. Fale normalmente e, se perceber que ela não entendeu, use um sinônimo (carro em vez de automóvel, por exemplo).

Nem sempre a pessoa surda que fala tem boa dicção. Se não compreender o que ela está dizendo, peça que repita. Isso demonstra que você realmente está interessado e, por isso, as pessoas surdas não se incomodam de repetir quantas vezes for necessário para que sejam entendidas.

Se for necessário, comunique-se através de bilhetes. O importante é se comunicar, seja qual for o método.

Como você pode ensinar um aluno surdo?

Você pode desenvolver o processo de aprendizagem com o(a) aluno(a) surdo adotando a mesma proposta curricular do ensino regular, com adaptações que possibilitem: o acesso ao conteúdo, utilizando sistemas de comunicação alternativos, como a LIBRAS, a mímica, o desenho e a expressão corporal; a utilização de técnicas, procedimentos e instrumentos de avaliação compatíveis com as necessidades do(a) aluno(a) surdo(a), sem alterar os objetivos da avaliação, por exemplo, maior valorização do conteúdo em detrimento da forma da mensagem expressa.

Sugestões de apoio ao(à) aluno(a) com deficiência auditiva

- Os(As) alunos(as) com deficiência auditiva devem ficar sempre na primeira fila na sala de aula. Dependendo da condição socioeconômica da família e do tipo de surdez, o(a) aluno(a) pode utilizar um recurso acústico (aparelho auditivo e/ou sistema de FM), para amplificar o som da sala.

- Há alunos(as) que conseguem ler os movimentos dos lábios. Assim, o(a) professor(a) e os(as) colegas devem falar o mais claramente possível, evitando voltar-se de costas enquanto falam. É extremamente difícil para esses alunos(as) anotarem nas aulas, durante a exposição oral da matéria, principalmente aqueles(as) que fazem leitura labial enquanto o(a) professor(a) fala.

- É sempre útil fornecer uma cópia dos textos com antecedência, assim como uma lista da terminologia técnica utilizada na disciplina, para o(a) aluno(a) tomar conhecimento das palavras e do conteúdo da aula a ser lecionada. Pode também justificar-se a utilização de um intérprete que use a LIBRAS.

- Este(a) estudante pode necessitar de tempo extra para responder aos testes.

- Fale com naturalidade e clareza, não exagerando no tom de voz.

- Evite estar em frente à janela ou outras fontes de luz, pois o reflexo pode obstruir a visão.

- Quando falar, não ponha a mão na frente da boca.

- Quando utilizar o quadro ou outros materiais de apoio audiovisual, primeiro exponha os materiais e só depois explique ou vice-versa. Por exemplo: escreva o exercício no quadro ou no caderno e explique depois, e não simultaneamente.

- Repita as questões ou comentários durante as discussões ou conversas e indique (por gestos) quem está falando, para melhor compreensão por parte do(a) aluno(a).
- Escreva no quadro ou no caderno do aluno datas e informações importantes, para assegurar que foram entendidas.
- Durante os exames, o aluno deverá ocupar um lugar na fila da frente. Um pequeno toque no ombro dele poderá ser um bom sistema para chamar-lhe a atenção, antes de fazer um esclarecimento.
- É importante a participação de intérpretes que conheçam a LIBRAS.

Não é correto dizer que um sujeito é "surdo-mudo". Algumas pessoas surdas não falam porque não aprenderam a falar. Elas não são mudas, porque podem emitir sons. A pessoa muda é aquela que não consegue emitir nenhum som. As pessoas surdas podem se comunicar de várias formas, uma delas é através da língua de sinais, que funciona como uma linguagem visogestual.

Deficiência física

O que significa deficiência física?

Alteração completa ou parcial dos membros superiores (braços) e/ou inferiores (pernas), acarretando o comprometimento da função física (SECRETARIA DE ESTADO DA EDUCAÇÃO DE MINAS GERAIS, 2006).

Ter uma deficiência física não significa ter um rebaixamento intelectual. Muitas pessoas fazem essa confusão. É importante saber fazer essa diferença para não ignorar o potencial deste(a) aluno(a). Geralmente, com algumas adaptações, ele(a) conseguirá acompanhar os(as) colegas.

Verifique se seus(suas) alunos(as) apresentam algumas destas características:
- movimentação sem coordenação ou atitudes desajeitadas de todo o corpo ou parte dele;
- forma não coordenada de andar, pisando na ponta dos pés ou mancando;

- pés tortos ou qualquer deformidade corporal;
- pernas em tesoura (uma estendida sobre a outra);
- dificuldade em controlar os movimentos, desequilíbrios e quedas constantes;
- dor óssea, articular ou muscular;
- uso de muita ou pouca força ao segurar o lápis; dificuldade para realizar encaixe e atividades que exijam coordenação motora fina.

Adaptações arquitetônicas

Para que o ambiente da escola seja acessível, é preciso que as pessoas com deficiência, inclusive aquelas que usam cadeira de rodas, possam usar o mobiliário (cadeiras, mesas, balcões, bebedouros, quadros de avisos, equipamentos, etc.), se movimentar por todo o edifício (entrada principal, salas de aula, sanitários, pátios, quadras, parques, bibliotecas, laboratórios, lanchonetes, etc.) e pela vizinhança.

É claro que isso é o ideal, e nossa realidade está muito longe de atingi-lo. No entanto, não significa que devermos desistir de buscar o que for possível para os(as) alunos(as). Até porque, num ambiente onde pessoas em cadeiras de rodas ou pessoas cegas e surdas circulam de maneira autônoma e segura, TODOS se beneficiam porque se locomovem com menos esforço e mais conforto.

Algumas indicações para facilitar o acesso:
- portas e corredores mais largos (de 80 cm);
- construção de rampas com a inclinação adequada (segundo as Normas da ABNT), com corrimãos e mureta para impedir que a cadeira caia;
- elevadores, quando for possível;
- estabelecimentos sanitários que permitam entrar e fazer a volta com a cadeira de rodas; com vaso sanitário da altura da cadeira de rodas; com pias que permitam o encaixe da cadeira de rodas e manuseio confortável da torneira; com a porta sem mola que abra para fora e com indicação de feminino e masculino de cor contrastante, de fácil reconhecimento e com tamanho bem-visível.
- pisos antiderrapantes.

As salas de aula e bibliotecas podem ser acessíveis às pessoas com deficiência quando têm:
- acesso físico sem desnível ou catracas;
- mesas onde se encaixem cadeiras de rodas;
- acesso virtual (via computador e internet);
- acervo em braille, fitas cassete e CD-ROM;
- serviço de orientação estimulante e adequado às necessidades dos diversos tipos de usuários;
- prazo prolongado para devolução de material;
- cartões de autorização para que terceiros retirem e devolvam livros.

As mesas para usuários de cadeira de rodas devem ser mais altas para o encaixe da cadeira, e é importante o(a) aluno(a) ter apoio para os pés quando estiver sentado, para garantir um bom posicionamento e que a cadeira não escorregue. Um caixote que mantenha um ângulo de 90° de flexão no quadril e nos joelhos pode ser a solução.

Pode-se serrar ou aumentar a altura das pernas das cadeiras, para que fiquem de acordo com a altura da criança. Encostos e assentos adicionais, como almofadas, podem ser combinados, se necessário, com apoio de pés. Podem ser colocados cintos que facilitem a posição ereta ou evitem que o(a) aluno(a) escorregue ou caia para os lados. Esses cintos podem ser horizontais, em X e/ou que saiam dentre as pernas, para manter o quadril posicionado.

Sugestões para a convivência com pessoas com deficiência física
- Quando estiver empurrando uma pessoa sentada numa cadeira de rodas e parar para conversar com alguém, lembre-se de virar a cadeira de frente, para que ela também participe da conversa.
- Empurre a cadeira com cuidado para evitar acidentes e preste atenção às pessoas que caminham à frente.
- Para uma pessoa sentada em cadeira de rodas, é incômodo ficar olhando para cima por muito tempo. Portanto, se a

conversa for demorar mais, sente-se ou abaixe-se para que você e ela fiquem com os olhos no mesmo nível.
- Respeite o espaço corporal. A cadeira de rodas (assim como as bengalas e muletas) é quase uma extensão do corpo. Agarrar ou apoiar-se nesses equipamentos não é como encostar em uma cadeira comum.
- Nunca movimente a cadeira de rodas sem antes pedir permissão para a pessoa que a utiliza.
- É mais seguro subir rampas ou degraus de frente. Para descer, é mais seguro de costas.
- Para subir um degrau, incline a cadeira para trás, levante as rodinhas da frente para apoiá-las sobre o degrau.
- Para descer um degrau, é mais seguro fazê-lo de marcha a ré, sempre apoiando a cadeira, para que a descida seja sem solavancos.
- Para subir ou descer mais de um degrau em sequência, é mais seguro pedir a ajuda de outra pessoa.
- Se você estiver acompanhando uma pessoa com deficiência que ande devagar, procure acompanhar o passo dela.
- Sempre mantenha as muletas ou bengalas próximas à pessoa com deficiência.
- Esteja atento para a existência de barreiras arquitetônicas quando for visitar algum local com uma pessoa deficiente motora.

Deficiência múltipla

O que é deficiência múltipla?

Deficiência múltipla, como o próprio nome indica, implica que o indivíduo possua uma deficiência associada a outras deficiências (SECRETARIA DE ESTADO DA EDUCAÇÃO DE MINAS GERAIS, 2006).

Muitos teóricos dividem-na em:
- Surdocegueira: é a perda da audição e da visão simultaneamente; o portador não se assemelha nem a um surdo, nem a um cego. São quatro graus de surdocegueira: existência de

um resíduo auditivo e de uma resíduo visual; surdez total e resíduo visual; resíduo auditivo e cegueira total; surdez e cegueira totais.

E ainda pode se classificar segundo seus tipos: cegueira congênita e surdez adquirida; surdez congênita e cegueira adquirida; cegueira e surdez congênita; cegueira e surdez adquirida; baixa visão com surdez congênita ou adquirida.

- Múltipla deficiência sensorial: deficiência auditiva ou deficiência visual associada a outras deficiências ou a distúrbios (neurológico, emocional, de linguagem e de desenvolvimento global):
- surdez com deficiência mental leve ou severa;
- surdez com distúrbios neurológicos, de conduta e emocionais;
- surdez com deficiência física leve ou severa;
- baixa visão com deficiência mental leve ou severa;
- baixa visão com distúrbios neurológicos, emocionais e de linguagem e conduta;
- baixa visão com deficiência física leve ou severa;
- cegueira com deficiência física leve ou severa;
- cegueira com deficiência mental leve ou severa;
- cegueira com distúrbios emocionais, neurológicos, de conduta e linguagem.

As principais necessidades educativas serão priorizadas e desenvolvidas através das habilidades básicas, nos aspectos social, de autoajuda e de comunicação.

Para detectar a deficiência múltipla, verifique se seus(suas) alunos(as) apresentam algumas destas características:
- imaturidade neurológica – atraso motor;
- alteração das funções superiores;
- sensação (crianças hipo ou hipersensíveis);
- atenção (crianças distraídas);
- percepção (dificuldade em perceber estímulos);
- memória (dificuldade em reter estímulos);
- simbolização (dificuldade em decodificar o estímulo);
- conscientização (dificuldade em compreender o estímulo);

- motivação flutuante;
- dificuldade de análise e síntese (escrita, fala, esquema corporal);
- hiperatividade motora ou sensitiva;
- inversão do campo visual (figura fundo, escrita, orientação espacial);
- dificuldade do pensamento operacional (fala e não diz nada);
- dificuldade na recepção, expressão e compreensão da linguagem.

Como se comunicar com as pessoas surdo-cegas?

Geralmente, usa-se o alfabeto digital, formado pelos dedos. A pessoa que se comunica com o surdo-cego forma as palavras, letra por letra, na mão da pessoa com deficiência. Se não souber falar, o surdo-cego usa o mesmo método para se comunicar.

Para surdo-cegos que ficaram deficientes depois de terem sido alfabetizados, a variante desse sistema é "escrever" (como se fosse num papel) sobre o braço ou a mão do surdo-cego. Parece muito complicado; no entanto, os surdo-cegos se comunicam rapidamente e com muita eficiência usando esses sistemas.

Computadores e salas de informática

O uso de computadores pode ser muito útil para desenvolver atividades pedagógicas, e, independentemente do tipo ou grau de deficiência, todos(as) os(as) alunos(as) podem se beneficiar com o uso do computador.

Se sua escola já tem uma sala de informática, lembre-se:

O acesso à sala de informática não deve ter obstáculos, e a mesa do computador deve permitir o encaixe da cadeira de rodas. É importante assegurar uma boa visualização (altura e distância do equipamento) e manipulação adequada e confortável do teclado e do *mouse*.

É possível fazer adaptações que ajudem o uso de *mouses* e teclados de acordo com a possibilidade de movimentação de membros superiores do(a) aluno(a). Às vezes, uma haste presa na cabeça ou na boca pode ajudar.

Existem programas de computador que facilitam seu uso pelo(a) aluno(a) com deficiência; alguns deles leem em voz alta tudo o que está escrito na tela; outros facilitam o uso do teclado e do *mouse*. Esses *softwares* são utilizados para o acesso aos programas básicos como Word, Excel, internet e outros. Vários desses programas são gratuitos.

Softwares educativos ou pedagógicos facilitam o aprendizado do(a) aluno(a) e são bastante utilizados hoje em dia. No final deste capítulo, indicamos alguns *sites* que esclarecem sua forma de utilização. A partir deles, você poderá encontrar muitos outros. Vale a pena conferir esses *sites* e aprender sobre os *softwares* educativos.

Transtornos invasivos do desenvolvimento

São manifestações comportamentais típicas de pessoas com síndromes e quadros psicológicos, neurológicos ou psiquiátricos que ocasionam atraso no desenvolvimento e prejuízo no relacionamento social (psicose, autismo, neurose grave, hiperatividade) (SECRETARIA DE ESTADO DA EDUCAÇÃO DE MINAS GERAIS, 2006).

A situação de crianças e adolescentes com transtornos globais do desenvolvimento tem sido objeto de discussão quando tratamos da inclusão de pessoas com deficiência e/ou necessidades educacionais especiais, principalmente aquelas com diagnóstico de autismo e psicose. Essas crianças e adolescentes chegam à escola, em sua maioria, sem condições mínimas de serem incluídas em um trabalho de grupo. De maneira geral, há um grande desafio de inserir o aluno com transtornos globais do desenvolvimento no ensino comum, pois, como é sabido, os sujeitos autistas e psicóticos não estabelecem laços sociais de reciprocidade e alteridade com seus semelhantes. É importante, porém, assinalar que nem todos colocam essas questões.

Por um lado, a escola deve repensar seus projetos pedagógicos, para que sejam condizentes com as características peculiares desses sujeitos. Por outro, nos faz pensar que existem outras modalidades de atendimento, muitas vezes não contempladas na organização interna das instituições escolares, tanto em relação aos profissionais, quanto no que diz respeito às propostas de condução dos casos. Essa discussão poderá ser realizada em paralelo, visando à construção de outros aparatos para além da escolarização, mas, também, enfrentando no interior da instituição escolar a mudança de perspectiva em relação a esses sujeitos.

As crianças psicóticas e autistas se destacam por apresentarem distúrbios especiais como: linguagem ecolálica, incoordenação motora, dificuldade no estabelecimento do vínculo, gestos repetitivos. Mas, por outro lado, elas também se destacam por atuações superiores, como excelente memória e desenvolvimento em áreas específicas, por exemplo, as artes.

Diante do desafio em que nos coloca o recebimento desse sujeito numa instituição escolar, apostamos na pesquisa e no estudo de referências teóricas, no registro dos avanços e dos impasses do trabalho pedagógico, com o objetivo de trilhar e estabelecer quais seriam as atividades que contribuiriam para a melhoria da qualidade de vida desses sujeitos com sofrimento mental. Há diferentes abordagens para o entendimento dos transtornos globais do desenvolvimento, destacando-se aqui o discurso médico e o discurso psicanalítico, pois sabemos que o discurso pedagógico ora se pauta na abordagem médica, ora se pauta na abordagem psicanalítica para o entendimento dessa questão.

O discurso médico

Transtorno do déficit de atenção e hiperatividade

Associa-se esse transtorno à desatenção marcante e à falta de envolvimento persistente nas tarefas cotidianas. Trata-se de uma síndrome que abarca, além da hiperatividade, o déficit de atenção, a labilidade emocional, a dificuldade escolar, a falta de persistência nas atividades, transtornos relacionais secundários, indisciplina, autodepreciação (SECRETARIA DE ESTADO DA EDUCAÇÃO DE MINAS GERAIS, 2006).

O diagnóstico de hiperatividade deve ser conferido pela família, pela escola e pelo psiquiatra. Não existe um instrumento de medida objetiva em psiquiatria infantil para comprovar o diagnóstico. Devem-se retirar as variáveis intervenientes na definição do diagnóstico, podendo ser um componente de uma síndrome autística, psicótica, retardo mental ou paralisia cerebral, por exemplo. Angústia com a família e também com a escola pode desencadear quadro hiperativo.

Existem diferenças culturais importantes quanto ao sexo que interferem no diagnóstico de hiperatividade. O diagnóstico não pode ser feito antes dos 5 anos. Após essa idade a família e a escola devem preocupar-se com a criança que não consegue parar e fixar a atenção.

Causas

A hiperatividade não tem uma causa definida. As hipóteses relacionam-se à desregulação do sistema nervoso central ou aos neurotransmissores conhecidos como cateicolaminas (reguladores da atenção). A medicação depende de um diagnóstico correto, mas ajuda os hiperativos a se exporem menos.

A hiperatividade e a escola

Geralmente, o sujeito hiperativo tem um potencial intelectual normal. A escola tem que se adequar ao aluno hiperativo, pois são crianças com capacidade verbal muito desenvolvida e muitas vezes não conseguem escrever o que pensam.

Algumas perguntas são importantes no trabalho pedagógico com a criança hiperativa.

Quem senta com ele para ajudá-lo?

Qual o tempo de que ele precisa para fazer a atividade?

O nível de exigência da escola não é suportado pela criança?

O ambiente tem que ser mais ou menos controlado, não adiantando dar muitas tarefas para ele, pois isso irá desorganizá-lo. As tarefas precisam ter começo, meio e fim. Esse transtorno é dez vezes mais comum entre meninos do que em meninas. Através dos tempos, o conceito de Transtorno do Déficit de Atenção com Hiperatividade (TDAH) recebeu os nomes de lesão cerebral mínima e disfunção cerebral mínima. Inicialmente as primeiras descrições do que se denominava Disfunção Cerebral Mínima (DCM) falavam de crianças que apresentavam sequelas de encefalite, intoxicação ou traumatismo craniano. A semelhança dos sintomas com outras crianças levou os autores a ampliarem o quadro dessa síndrome.

Hoje as classificações, utilizadas (DSMN e CID 10), apesar de incompletas, partem de um conjunto de sintomas e comentários sobre os quais houve uma concordância por parte de grande número de conselheiros e consultores em diferentes países.

Distúrbios abrangentes do desenvolvimento

A proposição dessa categoria busca classificar pessoas que apresentam dificuldades consideradas radicais nas interações sociais recíprocas e em padrões de comunicação, manifestando um repertório de interesses e atividades restrito, estereotipado e repetitivo. Essas características se constituem como um aspecto invasivo do indivíduo em todas as situações, embora possam variar em grau. Na maioria dos casos, o desenvolvimento é diferenciado da maior parte das crianças desde a tenra infância e, com apenas poucas exceções, as condições se manifestam nos primeiros cinco anos de vida. É usual, mas não invariável, haver algum grau de comprometimento cognitivo, mas os transtornos são definidos em termos de comportamento diferenciado em relação à idade do indivíduo.

Há um desacordo quanto à subdivisão desse grupo global de transtornos invasivos do desenvolvimento. Em alguns casos, os transtornos estão associados e são presumivelmente decorrentes de alguma condição médica, das quais salientamos espasmos infantis, rubéola congênita, esclerose tuberosa, anomalia do Cromossoma X. Entretanto, o transtorno deve ser diagnosticado com base nos aspectos comportamentais, independente da presença ou ausência de quaisquer condições médicas associadas; qualquer condição associada deve, todavia, ser codificada, separadamente. No caso, por exemplo, da presença de retardo mental, este deve ser notificado, pois não se trata de um aspecto universal dos transtornos invasivos do desenvolvimento.

Autismo infantil

Define-se pela presença de desenvolvimento global comprometido que se manifesta até a idade de 3 anos, apresentando um funcionamento bastante peculiar no que diz respeito a interação social, comunicação e comportamento restrito e repetitivo. O transtorno ocorre em meninos três ou quatro vezes mais frequentemente que em meninas (SECRETARIA DE ESTADO DA EDUCAÇÃO DE MINAS GERAIS, 2006).

Diretrizes diagnósticas

Observam-se comprometimentos qualitativos na interação social recíproca; falta de respostas para as emoções de outras pessoas e/ou falta de modulação do comportamento, de acordo com o contexto social; uso insatisfatório de sinais sociais e uma fraca integração dos comportamentos sociais, emocionais e de comunicação e, especialmente, falta de reciprocidade socioemocional.

Similarmente, comprometimentos qualitativos na comunicação são universais. Estes tomam a forma de uma falta de uso social de quaisquer habilidades de linguagem que estejam presentes: comprometimento em brincadeiras de faz de conta e jogos sociais de imitação, pouca sincronia e falta de reciprocidade no intercâmbio de conversação, pouca flexibilidade nas expressões de linguagem e uma relativa ausência de criatividade e fantasia nos processos de pensamento. Observa-se, ainda, falta de resposta emocional às iniciativas verbais e não verbais de outras pessoas, uso comprometido de variações na decadência ou ênfase para refletir modulação comunicativa, e falta similar de gestos concomitantes para dar ênfase ou ajuda na significação durante a comunicação falada.

A condição é também caracterizada por padrões de comportamento, interesses e atividades restritas, repetitivas e estereotipadas. Isso toma a forma de uma tendência a impor rigidez e rotina a uma ampla série de aspectos do funcionamento diário. Usualmente, isso se aplica tanto a atividades novas como a hábitos familiares e a padrões de brincadeiras. Particularmente na primeira infância, pode haver vinculação específica a objetos incomuns, tipicamente não macios. A criança pode insistir na realização de rotinas particulares e em rituais de caráter não funcional, e pode haver preocupações estereotipadas com interesses, tais como datas, itinerários ou horários. Frequentemente, há estereotipias motoras, e o interesse específico em elementos não funcionais de objetos (tais como seu cheiro ou tato) são comuns, e pode haver resistências quanto a mudanças na rotina ou em detalhes no meio ambiente pessoal (tais como as movimentações de ornamentos ou móveis em casa).

Em adição a esses aspectos diagnósticos específicos, é frequente a criança com autismo mostrar uma série de outros problemas não específicos tais como medo/fobias, perturbações de sono e alimentação, ataques de birra e agressão; autolesão (morder o punho, por exemplo) é bastante comum, especialmente quando há retardo mental grave associado. A maioria dos indivíduos com autismo carece de espontaneidade, iniciativa e criatividade na organização de seu tempo de lazer e tem dificuldade em aplicar conceitualizações em decisões no trabalho (mesmo quando as tarefas em si estão à altura de sua capacidade).

A manifestação específica dos déficits característicos do autismo muda à medida que as crianças crescem, mas continua através da vida adulta, com padrão amplamente similar de problemas na socialização, comunicação e padrões de interesse. É importante compreender que a presença desses comprometimentos no desenvolvimento da criança até os 3 anos de idade é fundamental para fechar o diagnóstico de autismo, contudo a síndrome pode ser diagnosticada em todos os grupos etários.

Autismo atípico

Um transtorno invasivo do desenvolvimento que difere do autismo em termos de idade inicial de manifestação ou de falha em preencher todos os três conjuntos de critérios diagnósticos. Assim, o desenvolvimento comprometido se manifesta pela primeira vez depois da idade de 3 anos e/ou se manifesta insuficiente em um dos três conjuntos requeridos para o diagnóstico do autismo que são, relembrando: interações sociais recíprocas, comunicação e comportamento restrito, estereotipado e repetitivo (SECRETARIA DE ESTADO DA EDUCAÇÃO DE MINAS GERAIS, 2006).

O autismo atípico se manifesta mais frequentemente em indivíduos que apresentam um comprometimento cognitivo grave e transtornos bastante acentuados na linguagem.

Síndrome de Rett

Trata-se de uma condição de causa desconhecida, observada até então apenas em meninas, nas quais tem sido diferenciada com base em seu início, curso e padrão de sintomatologia característicos (SECRETARIA DE ESTADO DA EDUCAÇÃO DE MINAS GERAIS, 2006). Os indivíduos apresentam um desenvolvimento inicial aparentemente normal, seguido por perda total ou parcial das habilidades manuais adquiridas e da fala, junto a uma desaceleração do crescimento do crânio, usualmente com início entre 7 e 24 meses de idade. Apresentam também estereotipias de aperto de mão e perda de movimentos propositais da mão. O desenvolvimento social e lúdico é interrompido nos primeiros dois ou três anos, mas o interesse social tende a ser mantido. Há presença frequente de convulsões no início ou meio da infância. Essas crianças tendem a apresentar comprometimentos significativos em seu desenvolvimento cognitivo.

Diretrizes diagnósticas

Na maioria dos casos, verifica-se seu início entre 7 e 24 meses de idade. O aspecto mais característico é uma perda de movimentos propositais das mãos e das habilidades motoras manipulativas finas adquiridas. Isso é acompanhado por perda parcial ou falta de desenvolvimento da linguagem; movimentos tortuosos estereotipados característicos de aperto ou "lavagem das mãos", com braços flexionados em frente ao tórax ou queixo; molhar as mãos estereotipadamente, com saliva; falta de mastigação apropriada da comida; quase sempre há uma falha em alcançar controle intestinal e vesical; salivação excessiva e protrusão da língua; perda do envolvimento social. Tipicamente, as crianças retêm uma espécie de "sorriso social", olhando "para" ou "através" das pessoas, mas não interagindo socialmente com elas na primeira infância, embora, com frequência, uma interação social se desenvolva mais tarde; a postura e a marcha tendem a ter uma base alargada, os músculos são hipotônicos, os movimentos do tronco usualmente tornam-se insatisfatoriamente coordenados. É comum em metade dos casos, na idade adulta, o desenvolvimento de atrofias espinhais, associadas à incapacidade motora grave. Mais tarde, uma espasticidade rígida pode-se manifestar e é, em geral, mais pronunciada nos membros inferiores do que nos superiores. Ocorrem, na maioria dos casos, crises epilépticas, envolvendo algum tipo de ataque menor e com início geralmente antes da idade de 8 anos. Em contraste com o autismo, preocupações ou rotinas estereotipadas são raras.

Outro transtorno da infância

Outro transtorno invasivo do desenvolvimento, distinto da Síndrome de Rett, caracteriza-se por um período de desenvolvimento normal, seguido de uma perda definitiva, em curto período de tempo, das habilidades previamente adquiridas (SECRETARIA DE ESTADO DA EDUCAÇÃO DE MINAS GERAIS, 2006).

Concomitante a esse processo, a criança começa a manifestar perdas no funcionamento social, comunicativo e comportamental. A criança se torna irrequieta, irritável, ansiosa e hiperativa, e, posteriormente, apresenta empobrecimento e perda da fala e da linguagem, acompanhados de desintegração do comportamento. Em alguns casos, a perda de habilidades é persistentemente progressiva (em geral, quando o transtorno está associado a uma condição neurológica diagnosticável), mas, com mais frequência, o declínio que ocorre em um período de alguns meses é seguido por um platô e, então, por uma melhora limitada. A maioria dos indivíduos evolui para um retardo mental grave.

Diretrizes diagnósticas

O diagnóstico é baseado em um desenvolvimento aparentemente normal até por volta de 2 anos de idade, seguido de uma perda definitiva de habilidades previamente adquiridas. Esse processo ocorre paralelamente a uma interação social qualitativamente prejudicada.

É comum haver uma profunda regressão ou perda da linguagem; uma regressão no que se refere a brincadeiras, habilidades sociais e comportamentos adaptativos; uma perda do controle intestinal ou vesical, algumas vezes com uma deterioração do controle motor. Tipicamente, isso é acompanhado por uma perda geral do interesse pelo ambiente, por maneirismos motores repetitivos e estereotipados e por um comprometimento, particularmente autístico, na interação social e na comunicação.

Em alguns aspectos, a síndrome lembra a demência na vida adulta, mas difere em três aspectos-chave: não há, em geral, nenhuma evidência de qualquer lesão ou doença orgânica identificável (embora uma disfunção cerebral orgânica de algum tipo seja usualmente inferida); a perda de habilidades pode ser seguida por um grau de recuperação; e o comprometimento na socialização e na comunicação tem qualidades desviadas mais típicas de autismo do que de declínio intelectual.

Síndrome de Asperger

É caracterizada pelo mesmo tipo de comprometimento qualitativo de interação social recíproca que tipifica o autismo, junto com um repertório de interesses e atividades restrito, estereotipado e repetitivo (SECRETARIA DE ESTADO DA EDUCAÇÃO DE MINAS GERAIS, 2006).

O transtorno difere do autismo primariamente por não haver nenhum atraso ou retardo global no desenvolvimento cognitivo ou de linguagem. A maioria dos indivíduos é de inteligência global normal, a condição ocorre predominantemente em meninos (em uma proporção de cerca de oito garotos para uma menina). Parece altamente provável que, pelo menos em alguns casos, representem variedades leves de autismo, mas é incerto se funciona assim para todos. Há uma forte tendência para que as especificidades persistam na adolescência e na vida adulta e parece que elas representam características individuais que não são muito afetadas por influências ambientais. Episódios psicóticos ocasionalmente ocorrem no início da vida adulta.

Diretrizes diagnósticas

O diagnóstico é baseado na combinação de uma falta de qualquer atraso global clinicamente significativo no desenvolvimento da linguagem ou cognitivo, como ocorre com o autismo, a presença de deficiências qualitativas na interação social recíproca e padrões de comportamento, interesses e atividades restritas, repetitivas e estereotipadas. Pode haver ou não problemas de comunicação similares àqueles associados ao autismo, mas um retardo significativo de linguagem excluiria o diagnóstico.

Transtorno invasivo do desenvolvimento não especificado
Esta é uma categoria diagnóstica residual que deve ser usada para transtornos os quais se encaixam na descrição geral para transtornos invasivos do desenvolvimento, mas nos quais falta de informações adequadas ou achados contraditórios indicam que os critérios para qualquer dos outros diagnósticos citados não podem ser satisfeitos (SECRETARIA DE ESTADO DA EDUCAÇÃO DE MINAS GERAIS, 2006).

O discurso da Psicanálise

Psicose

A psicose como estrutura coloca problemas a qualquer campo do saber. Tendo em vista a necessidade de escolher um referencial teórico, vamos falar da psicose a partir da psicanálise pós-freudiana do francês Jacques Lacan.

Antes dele o criador da Psicanálise, Sigmund Freud, já abordava a questão das psicoses com muitas reservas. Com relação às possibilidades terapêuticas, Freud apresentava reservas sobre sua eficácia quando comparada com pacientes neuróticos. Do ponto de vista clínico, o trabalho com psicóticos sempre foi polêmico.

Deve-se a Jacques Lacan a retomada de uma clínica que busca situar a psicose em sua diferença com as demais entidades psicopatológicas.

A psicose é uma estrutura que traz para a Psicanálise algumas de suas interrogações mais difíceis, pois o sujeito psicótico apresenta uma relação problemática com a linguagem, já que o "defeito" no simbólico que caracteriza a psicose justamente expõe esses sujeitos a se confrontarem com o que é da ordem do real diretamente e a responderem em seu nível.

Comecemos, então, pelo que Lacan chama de "Estádio do Espelho". Que é o "Estádio do Espelho"? Trata-se de um espelho e de uma criança entre o seu 6º e 18º mês de vida, que se confrontam. Convém esclarecer que o espelho para o qual se orienta o olho da criança não é outra coisa que um olho... o olho da mãe, em posição especular. Assim, a imagem que nesse espelho se reflete é uma imagem que condensa certas exigências, demandas, pedidos que se orientam para a criança, e cuja origem é remota, se encontrando na história do desejo materno (LACAN, 1982).

Tomemos um exemplo: a mãe e seu filho. Ela, que o olha, lhe sorri, com o que recebe em resposta o sorriso do menino qual sabemos (demonstrado por René Spitz) que, desde o terceiro mês, percebe a *gestalt* de um sorriso em resposta, se maravilha e começa a supor que seu filho "quer dizer-lhe algo", que é "como se quisesse falar-me"; assim inicia um diálogo *sui generis* e que pode chegar a durar toda a vida do sujeito, no qual a única palavra formulada é a da mãe.

Logo, o que ocorre de início é um intercâmbio de olhares. O bebê fascinado olha para aquele que se apresenta a ele como completo, devido a sua situação de dependência. O bebê ainda não fala e, no entanto, já está sendo "falado" antes mesmo de se apropriar dessa fala que vai constituir o campo de suas identificações.

Nesse primeiro momento, a criança vai acreditar ser o objeto de desejo da mãe, para satisfazê-la. O que vigora aqui é o dito decretado pelo Outro, submetendo o sujeito a sua obscura autoridade.

Num segundo momento, temos a entrada do pai, que vai marcar um corte, uma separação. Entende-se o pai aqui como uma função que vai precisamente introduzir a proposta que permite ao sujeito uma instância do desejo. Interpondo-se entre a mãe e o filho, separa um do outro, produzindo uma falta. Em relação ao desejo da mãe, ela passa a ter um outro desejo além do filho, o que faz com que este comece a se perguntar sobre o que não tem e que faz com que a mãe olhe para outro lugar.

A partir dessas interrogações sobre o desejo e a consequente instauração de falta, o sujeito não vai mais parar de buscar um sentido ou maneiras de responder a esse enigma. Esse sentido será sempre incompleto já que múltiplo: "o que o outro quer de mim?", é a pergunta angustiada que cada sujeito repete ao se defrontar com o desejo do outro. E então uma palavra, uma proposição, uma frase se faz necessária para diminuir a angústia suscitada por esse desejo sempre e por natureza obscuro. O essencial dessa operação de separação consiste em o sujeito descobrir que o outro é inconsistente, que seu discurso é atravessado por furos.

Encontrar uma falta no outro é descobrir o próprio desejo. O sujeito conquista um lugar nessa falta descoberta no outro. É por essa falta que vai se ancorar e ao mesmo tempo manter distância em relação a esse outro, sem que a ameaça de aniquilação venha inundá-lo por inteiro e reduzi-lo à condição de objeto indeterminado, o que ocorre, então, na psicose.

E, em se tratando da psicose, não se demonstra a ocorrência de nenhuma sequela neurológica ou orgânica que justifique a sintomatologia. Como explicar então? Lacan encontrou nos distúrbios da linguagem um elemento privilegiado da experiência psicótica. Aqui, podemos observar a aventura das palavras por metamorfoses sucessivas que as transformam em coisas. Palavra e coisa se misturam, interpretam-se, encaixam-se.

As palavras são tomadas em seu sentido literal. Dizer que a palavra se transformou em coisa é dizer que ela perdeu o sentido. Para exemplificar como se dá a produção de sentido, tomamos como exemplo a seguinte frase: "Ai, querido, assim não podemos continuar vivendo." Notamos que, a partir de certo momento, essa frase lida, suprimindo-se cada um dos termos, tem um sentido sexual. Obviamente não é imprudente dizer que todo mundo coincidiu na percepção de tal sentido sexual.

O que essa pequena digressão quis demonstrar é que na estrutura psicótica uma palavra não remete a outra formando um encadeamento inteligível, em que uma palavra pode ser trocada por outra produzindo sentido. O que ocorre, então, é a repetição bruta e nua, a fala sempre a mesma, cada vez mais circunstancial aos mesmos temas. É o fenômeno de aprisionamento do psicótico numa realidade imóvel e congelada. Aqui, tudo se mistura, se interpreta, se encaixa.

Vozes, ruídos, palavras invadem o corpo. Presença fiel em todos os grandes quadros psicóticos, a alucinação verbal figura como uma de suas mais importantes manifestações clínicas. Experimentada como "vozes" de um outro sempre estranho que se faz ouvir, as alucinações verbais são, entretanto, palavras

85

e frases pronunciadas pelo próprio alucinado a sua revelia e sem que possa dar-se conta de seu ato.

A alucinação verbal é alienada e, como tal, evidencia uma dimensão essencial do viver psicótico, sua exterioridade em relação ao conjunto da linguagem. Vinda sempre do outro, de outro lugar, a linguagem na psicose fala sozinha e se impõe com violência, uma violência surgida sempre do exterior, estrangeira. Assim é que se pode dizer que o psicótico não faz laço social, portanto está fora do discurso. Ocupando o lugar de objeto decaído, sem contorno, sem moldura para o outro, objeto não identificado, resto lançado à toa, à mercê dos indecifráveis desígnios da tirania do outro, o psicótico está condenado a um destino nômade. A ausência de elaboração do outro, na psicose, leva o sujeito a uma posição ambivalente em relação ao outro: o contato físico com o outro é sentido como ameaçador já que pode confirmar sua indiferenciação. É tão temeroso separar-se desse outro quanto fundir-se a ele.

Dessa presença perturbadora o psicótico terá necessariamente de se defender. É mesmo incompatível com a vida essa proximidade irrespirável, essa presença intrusiva, compacta, do desejo do outro. Assim sendo, o psicótico busca construir um anteparo que organize uma distância efetiva capaz de livrá-lo do poder letal do outro.

À medida que, na psicose, fracassa a construção desse outro, o sujeito deverá produzi-lo. Um grande número de autores remete à possibilidade de tratamento de uma psicose no meio de um grupo. Poderíamos pensar que isso não é alheio à peculiaridade da psicose; definida esta como uma tentativa de simbolização das relações (entendendo por legalidade a regulação delas), é possível que o grupo seja o marco mais próximo para a produção de tal elaboração, pensando-se que em grupo se intercambiam funções. Em qualquer grupo onde esteja incluído um psicótico, deve-se levar em conta a especificidade dessa estrutura no que diz respeito a sua problemática com o outro e com a linguagem, pois o outro como aquele que sabe é sempre cancelado pelo psicótico.

Nesse sentido, como pensar a inclusão do psicótico numa instituição pedagógica? É aqui que a contribuição da Psicanálise pode levar o(a) educador(a) a repensar todo seu modo de ser com o psicótico.

O discurso pedagógico: os transtornos globais do desenvolvimento e a escola

Algumas situações que podem colaborar para a inclusão de pessoas com transtornos globais do desenvolvimento podem ser organizadas, como por exemplo:

- oferecer situações estruturadas e previsíveis, em que seja possível antecipar o que vai suceder;
- utilizar sinais claros, sem excesso de linguagem, usando gestos evidentes;
- evitar ambientes caóticos, excessivamente complexos e hiperestimulantes;
- proporcionar meios para que o aluno possa se comunicar, usando movimentos, gestos, signos, e não necessariamente palavras;
- não se contentar com a solidão que o aluno possa apresentar; procurar atraí-lo de forma suave às interações com as pessoas e ajudá-lo a participar delas;
- pedir ao aluno para executar tarefas variadas sem obrigá-lo a fazer as mesmas atividades;
- analisar cuidadosamente suas motivações espontâneas. Ao contrário do que possa parecer, o aluno gosta das interações cuja lógica pode perceber;
- não interpretar o aluno como alguém que não quer, mas sim como alguém que não pode;
- não comparar o aluno com outras crianças. Seu desenvolvimento segue caminhos distintos, mais lentos, mas realiza progressos;
- utilizar frequentemente códigos visoespaciais para ensinar ou fazer o aluno entender as coisas;
- programar atividades funcionais que possam ter algum sentido na trajetória pessoal do aluno.

Recomendações ao professor(a)

Primeiramente, deve-se fazer uma avaliação psicopedagógica, observando o aluno, enfocando os seguintes aspectos:

formas de explorar o meio; maneira de relacionar-se com as pessoas; maneira de relacionar-se com os objetos (se há uso funcional deles, as preferências); nível de interação em situação não estruturada; alterações motoras (estereotipias, autoagressão); rituais; jogos.

A avaliação deve ser global, cuidadosa e detalhada em relatórios periódicos porque uma das características dos alunos com condutas típicas é a falta de uniformidade no seu rendimento. Através dessa avaliação, o(a) professor(a) terá subsídios para elaboração do Plano de Desenvolvimento Individual. A relação professor/aluno é o pilar de todo atendimento, pois dependerá da qualidade dessa relação a chance de retirar esse aluno do isolamento que o caracteriza.

O profissional que se propõe a trabalhar com o aluno deverá ser tolerante à frustração e persistente, além de possuir algum conhecimento das características específicas da criança a ser educada e disposição para criar métodos que possibilitem a aproximação com o aluno. O professor deverá ter uma atitude investigativa ativa, de exploração criativa do que acontece com o aluno. Quando acompanhada dessa atitude, a relação educativa com essas crianças, por mais exigente que seja, se converte numa tarefa apaixonante que pode enriquecer enormemente tanto o professor quanto o aluno.

A seguir apresentamos um relato do caso sobre Temple Grandin, retirado do conto "Um antropólogo em Marte", de Oliver Sacks (1995), acerca do autismo:

Consciência de sua diferença: Temple desejara muito ter amigos na escola e teria sido completa e ardentemente fiel a um amigo [...], mas havia algo na maneira como falava, na maneia como agia, que parecia afastar os outros, de forma que, mesmo admirando sua inteligência, nunca a aceitaram como parte de sua comunidade. "Eu não conseguia entender o que estava fazendo de errado. Curiosamente, faltava-me a consciência de que eu era diferente. Pensava que as outras crianças eram diferentes. Não podia entender por que não me encaixava." Algo se passava entre as outras crianças, algo rápido, sutil, em permanente modificação – uma troca de sentidos, uma negociação, uma rapidez de entendimento tão notável que por vezes Temple se perguntava se elas não seriam todas telepáticas. Hoje, já tem consciência da existência desses signos sociais. Pode inferi-los, diz, mas não percebê-los, ela própria não pode participar diretamente dessa comunicação mágica, ou conceber os estados de espírito, de vários níveis e caleidoscópios, subjacentes. Sabendo disso intelectualmente, faz o melhor que pode para compensar, empregando um enorme esforço intelectual e computacional para ter acesso a questões que os outros entendem com uma facilidade impensada. Esta é a razão por sentir-se com freqüência excluída, alheia (p. 278).

Estratégias para entender as linguagens metafóricas: Para entender o provérbio "Pedra que rola não cria limo", ela diz, "tenho que passar na minha cabeça o vídeo da pedra rolando e se livrando do limo antes de poder generalizar. Na escola, não conseguia entender as rezas até "vê-las" em imagens concretas: "'o poder e a glória' eram fios de alta tensão e o sol resplandecente; a palavra 'transgressão' [...] uma placa de 'Entrada proibida' pregada numa árvore" (p. 289).

Para entender o outro: "Construíra uma extensa biblioteca de experiências ao longo dos anos [...] Era como uma biblioteca de fitas de vídeo, que ela podia passar em sua cabeça e consultar a qualquer hora – "vídeos" de como as pessoas se comportavam em diferentes circunstâncias. Ela os parava sem parar e aprendia, gradualmente, a relacionar o que via, podendo em seguida prever como agiriam as pessoas em circunstâncias semelhantes" (p. 267).

Perceber a trapaça: "Numa das usinas que projetara [...] houve repetidos enguiços das máquinas, mas somente quando determinado sujeito, John, estava na sala. Ela "relacionou" esses incidentes e inferiu por fim que John devia estar sabotando o equipamento. "Tive que aprender a suspeitar; tive que aprendê-lo cognitivamente. Podia somar um mais um, mas não via a expressão de inveja no rosto dele" (p. 267).

Seus interesses: "Não me encaixo na vida social da minha cidade ou da universidade. Quase todos os meus contatos sociais são com pecuaristas ou gente interessada em autismo. Passo a maioria das minhas noites de sexta a sábado escrevendo artigos e desenhando. Meus interesses são factuais e minha leitura de lazer consiste majoritariamente em publicações científicas ou sobre gado. Tenho pouco interesse por romances com complicadas relações interpessoais, porque sou incapaz de lembrar a seqüência de eventos. As descrições detalhadas de novas tecnologias em ficções científicas ou de lugares exóticos são muito mais interessantes. Minha vida seria horrível se eu não tivesse o desafio da minha carreira" (p. 268).

Altas habilidades

O que são altas habilidades?

O conceito de altas habilidades tem sido utilizado para as pessoas que apresentam notável desempenho ou elevada potencialidade em qualquer dos seguintes aspectos isolados ou combinados: capacidade intelectual geral, aptidão acadêmica específica, pensamento criativo-produtivo, capacidade de liderança, talento especial para artes e capacidade psicomotora (SECRETARIA DE ESTADO DA EDUCAÇÃO DE MINAS GERAIS, 2006).

O senso comum costuma identificar certas pessoas como "geniais", "habilidosas", "talentosas", "superdotadas", enfim, pessoas que se diferenciam das demais por apresentarem alguma ou várias características extraordinárias, já que incomuns.

Como lidar com uma pessoa com altas habilidades na escola?

Organizar um portfólio é ampliar a capacidade da escola de ajudar o(a) aluno(a) a se tornar competente e autodirecionado, bem como incrementar seu desempenho acadêmico. Renzulli (2001) propõe que o portfólio seja feito de forma colaborativa na qual alunos(as), familiares e professores(as) participem. O(a) professor(a), de posse das informações contidas no portfólio do(a) aluno(a), pode guiá-lo(a) delimitando algumas áreas de estudo ou enfocando um tema específico. Algumas atividades ou tópicos podem ser explorados individualmente ou em pequenos grupos.

Portfólio das habilidades individuais

O portfólio das habilidades individuais foi desenvolvido para identificar e maximizar o potencial de cada aluno(a). É um processo sistemático por meio do qual inventários de interesse, estilo de aprendizagem e de expressão e produtos elaborados pelo(a) aluno(a) são coletados, ajudando tanto aluno(a) quanto professor(a) a tomar decisões a respeito de seu trabalho. O portfólio tem como metas:

- coletar e registrar informações sobre: habilidades, pontos fortes, características, atividades escolares ou extraescolares realizadas pelo(a) aluno(a);
- organizar dados do(a) aluno(a) referentes ao estilo de aprendizagem, preferências por áreas do conhecimento, habilidades sociais e pessoais, interesses, necessidades específicas e desafios pessoais a serem superados;
- fornecer subsídios para a elaboração de planejamentos educacionais e o estabelecimento de condições ambientais favoráveis ao desenvolvimento da aprendizagem do(a) aluno(a);
- destacar estilos de expressão e de pensamento dos(as) alunos(as).

Como benefícios do portfólio, podemos apontar:
- destacar os pontos fortes do(a) aluno(a);
- apresentar evidência física dos talentos e das habilidades do(a) aluno(a);
- ser um veículo de comunicação entre escola e família;
- permitir que professores(as), família e alunos(as) reflitam regularmente acerca das informações coletadas, de novas habilidades desenvolvidas e dos interesses despertados;
- permitir a atualização periódica dos dados apresentados;
- possibilitar a utilização de suas informações para o autoconhecimento do(a) aluno(a) ou seu aconselhamento educacional, pessoal e social, possibilitando a reunião de alunos(as) com os mesmos interesses.

Com relação às informações sobre os interesses do(a) aluno(a), o(a) professor(a) deve reconhecer seus interesses incomuns por uma área específica e ajudá-lo(a) a explorar tais interesses.

Outras informações que devem constar do portfólio são estilos de expressão e de aprendizagem. O(A) professor(a) deve pensar se o(a) aluno(a) gostaria de apresentar um trabalho em forma de um projeto de arte, um ensaio jornalístico, uma dramatização, entre outros. O conhecimento sobre os estilos de expressão do(a) aluno(a) pode ajudar o(a) professor(a) a expandir suas propostas relacionadas aos tipos de arranjos instrucionais e opções de aprendizagem para grupos pequenos ou grandes, legitimando as várias formas de expressão que os(as) alunos(as) venham a apresentar. Alguns estilos de expressão são mais participativos e orientados para a liderança. Por exemplo, gerenciar atividades como um clube ou um negócio, ser líder de uma equipe, desenvolver um projeto único ou participar de um projeto comunitário devem ser explorados como alternativas às tradicionais formas escritas e orais que caracterizam as atividades formais de aprendizagem. O conhecimento sobre as formas de expressão dos(as) alunos(as) pode ser uma valiosa ferramenta para se organizar um trabalho em equipe. Renzulli (1997) salienta que é importante que sejam explorados, em sala de aula, vários tipos de expressão em diversas áreas.

O estilo de aprendizagem do(a) aluno(a)

Nesta perspectiva, deve-se considerar como o aluno gostaria de explorar uma determinada atividade, assim como classificar suas preferências relacionadas à aprendizagem, certos tópicos ou áreas de estudo. Para Renzulli (1997), os(as) alunos(as) aprendem com mais facilidade e prazer quando são ensinados de acordo com seus estilos de aprendizagem preferidos, o que se aplica a qualquer aluno(a).

Para que o(a) professor(a) possa oferecer um arranjo de sala de aula que atenda às necessidades de trabalho dos(as) alunos(as), é necessário que ele(a) conheça também as preferências discentes relacionadas ao ambiente de aprendizagem. O(A) professor(a) deve investigar se seus(suas) alunos(as) preferem trabalhar sozinhos, em pares, em equipe ou com adultos. As preferências em relação ao ambiente podem variar de acordo com a matéria ou tema que está sendo trabalhado e as relações sociais que se estabelecem nos grupos. Devem, ainda, ser observadas as características físicas do ambiente, tais como luminosidade, som, disposição dos móveis, turno de trabalho, etc.

Atividades do tipo I

São experiências e atividades exploratórias ou introdutórias destinadas a colocar o(a) aluno(a) em contato com uma ampla variedade de tópicos ou áreas de conhecimento, que geralmente não são contempladas no currículo regular. Todos(as) os(as) alunos podem se envolver nesse tipo de atividade, que é desenvolvida com a finalidade de fomentar a curiosidade, responder a questionamentos, aprofundar uma discussão.

- As atividades devem ser estimulantes e dinâmicas e podem envolver: o contato com profissionais e especialistas por meio de palestras, painéis, troca de experiências e oficinas; visitas a instituições, feiras, bibliotecas, museus e eventos culturais; acesso à literatura; viagens; simulações; filmes; internet.

- Apresentação de filmes variados, desde os científicos e técnicos aos de longas-metragens, seguida de questões inquiridoras e de esclarecimentos.

- Discussão de temas de noticiários do dia através de várias abordagens: criação de painéis de confronto, pasta de opiniões, termômetro dos argumentos e tabelas jornalísticas.

- Oficinas variadas: origami, fotografia, robótica, química, alimentos saudáveis, cuidados pessoais, trato com animais, exercícios de raciocínio lógico, xadrez, construções de maquetes, atividades de resolução criativa de problemas, organização de coleções, técnicas de desenho, entre outras de interesse dos alunos.

- Palestras com profissionais de várias áreas do conhecimento, como bombeiros, professores, botânicos, físicos, astrônomos, artesãos, artistas plásticos, atores, veterinários, chaveiros, soldadores, pedreiros e outros, focalizando diferentes aspectos de suas atividades profissionais, técnicas e métodos utilizados ou áreas de atuação.

- Visitas a museus, laboratórios, centros especializados, universidades, hospitais. Excursões a parques, cidades históricas. Uso de tecnologias computacionais: *softwares* educativos, enciclopédias digitais, jogos pedagógicos e simuladores.

- Minicursos desenvolvidos em períodos definidos de tempo (dois ou três encontros), com instrutores e especialistas da área, como: botânica, cuidados pessoais, saúde bucal, raças de cães, xadrez, confecção de fantoches, brinquedos alternativos, pescaria e outros, de acordo com a realidade local e o interesse dos alunos.
- Demonstrações de práticas como primeiros socorros, banho de animais, jardinagem, esportes radicais, capoeira, modelagem, mecânica, entre outras sugeridas por alunos(as) e comunidade escolar.
- Entrevistas desenvolvidas com pessoas de destaque na comunidade local ou com profissionais reconhecidos pelo trabalho que desenvolvem na comunidade escolar.

Atividades de enriquecimento do tipo II

Utilizar métodos, materiais e técnicas instrucionais que contribuem para o desenvolvimento de níveis superiores de pensamento (analisar, sintetizar e avaliar), de habilidades criativas e críticas, de habilidades de pesquisa (por exemplo, como conduzir uma entrevista, analisar dados e elaborar um relatório), de busca de referências bibliográficas e processos relacionados ao desenvolvimento pessoal e social (habilidades de liderança, comunicação e desenvolvimento de um autoconceito positivo): o objetivo desse tipo de enriquecimento é desenvolver nos(as) alunos(as) habilidades de "como fazer".

Ao se engajarem em atividades do tipo II, os(as) alunos(as) são encorajados(as) a aplicarem os conhecimentos adquiridos, como possíveis fontes e alternativas de instrução para a elaboração dos projetos, produtos ou serviços que os(as) caracterizam:
- Treinamento em técnicas de resolução de problemas e conflitos.
- Oficina de ideias com materiais alternativos ou reciclagem de sucata.
- Treinamento no manuseio de recursos audiovisuais e tecnológicos para o desenvolvimento de trabalhos com: retroprojetores, *slides*, televisão, vídeos, gravadores, filmadoras, máquinas fotográficas, banco de dados, computador, impressora, *scanner*, xerox, microscópios, lupas, telescópios e outros.

- Treinamento em técnicas de discussão, debates e argumentação.
- Treinamento em técnicas de liderança e gerenciamento.
- Habilidades de pensamento criativo – fluência, flexibilidade, elaboração, originalidade, avaliação –, técnicas e ferramentas de criatividade, como tempestade de ideias, listagem de atributos e comparação.
- Habilidades de definição e solução de problemas e características afetivas como sensibilidade, apreciação, valoração, cooperação, assertividade, autoconfiança e senso de humor.

Atividades do tipo III

As atividades tipo III envolvem a produção criativa e apresentação de resultados obtidos em grupos de audiências variadas (colegas de sala, feiras culturais, concursos, reuniões de professores, jornais, empresas, comunidade escolar e outros).

Para auxiliar no planejamento, na execução e na avaliação de atividades de enriquecimento do tipo III, o(a) professor(a) poderá utilizar o quadro a seguir, que descreve de forma esquemática as questões que devem ser previstas ao longo do desenvolvimento dessas atividades.

Quadro esquemático de atividades do tipo III – Projeto

Problema	
Quem?	
Onde?	
Quando?	
Por quê?	
O quê?	
Método	
Produto	
Divulgação	
Avaliação	

Fonte: SECRETARIA DE ESTADO DA EDUCAÇÃO DE MINAS GERAIS, 2006.

Desenvolvendo outros projetos de interesse do(a) aluno(a)

Em paralelo com a programação normal da série/ciclo na qual se insere o(a) aluno(a), podem ser planejadas e desenvolvidas atividades de enriquecimento curricular, tais como:

- estímulo à participação do(a) aluno(a) na elaboração de projetos de investigação ou de pesquisa de acordo com seus interesses particulares ou suas habilidades;
- desenvolvimento de atividades culturais e científicas como feiras, mostras e semanas de estudo, destinadas à apresentação de temas desenvolvidos durante um trabalho escolar;
- elaboração de fichas de conteúdos estimulantes, desafiadores e curiosos para estudos independentes a todo o grupo escolar.

Recomendações ao professor(a)

Inicialmente, é importante apontar que nenhum(a) professor(a) precisa apresentar altas habilidades para ensinar alunos que as apresentam.

O que o(a) professor(a) precisa, primeiramente, é identificar as áreas de alta potencialidade do aluno, observar como estão sendo utilizadas no contexto escolar e planejar as atividades de ensino, de forma a promover o crescimento do aluno de acordo com seus próprios ritmos, possibilidades, interesses e necessidades.

O trabalho do(a) professor(a) na área das altas habilidades se traduz em desafios. Requer uma postura de facilitador do processo de aprendizagem, uma vez que as características apresentadas, muitas vezes, superam as expectativas previstas. É importante que esse profissional tenha flexibilidade na conduta pedagógica e nas relações entre seus alunos, que possibilite o crescimento de talentos e habilidades, oportunizando desafios e contextos interessantes que motivem a aprendizagem.

No dia a dia da escola, em muitas situações, é necessário ser flexível na utilização do espaço físico, materiais e equipamentos, na organização e reorganização de grupos de trabalhos, na estruturação de planejamentos, em procedimentos e processos de avaliação. Os objetos da ação pedagógica junto aos alunos com altas habilidades devem preparar para a autonomia e independência, desenvolver habilidades, estimular atividades de planejamento, implementar diferentes formas de pensamento e oferecer estratégias que estimulem o posicionamento crítico e avaliativo.

Segundo Lewis e Doorlag (1991, p. 396), há seis princípios importantes que podem auxiliar o professor a oferecer experiências educacionais apropriadas para esse grupo de alunos, no contexto da sala inclusiva, e estimular a independência de estudo do aluno, ensinando-o a ser "eficiente e efetivo" nessa tarefa. É interessante que o professor estimule o aluno a ler, a pesquisar, a buscar novas informações em material extraclasse, de forma que ele aprenda a estudar pesquisando. Dessa forma, o aluno não precisa ficar preso ao conteúdo regular do plano de ensino da série ou nível em que se encontra (por ele, muitas vezes, já dominado), andando em seu próprio ritmo, ao mesmo tempo que se evitam problemas na interação com colegas e mesmo com o(a) professor(a). Deve-se:

- Estimular os alunos a utilizarem processos cognitivos complexos, tais como o pensamento criativo, a análise crítica, análises de prós e contras. Esse tipo de atividade permite ao aluno exercitar suas competências de forma construtiva e favorecedora de um desenvolvimento dentro do seu próprio ritmo.

- Estimular os alunos a discutirem amplamente sobre questões, fatos, ideias, aprofundando gradativamente o nível de complexidade da análise, até culminar em um processo de tomada de decisão e de comunicação como os demais acerca de planos, relatórios e soluções esperadas a partir das decisões tomadas. Esse procedimento não só estimula as operações de análise (reflexão sobre os múltiplos componentes da realidade enfocada, a identificação de possibilidades alternativas para a solução de problemas) e de síntese, como também a organização do pensamento, o raciocínio lógico, o planejamento de ações, a avaliação de possíveis consequências e efeitos das ações planejadas, a comunicação social das ideias, dentre outras competências.

- Estabelecer as habilidades de comunicação interpessoal necessárias para que os alunos trabalhem tranquilamente como parceiros de diferentes faixas etárias e de todos os níveis do desenvolvimento cognitivo. O fato de ter altas habilidades, sejam elas as competências que forem, pode tornar-se impeditivo para a convivência entre pares, razão pela qual é de grande importância que a interação e a comunicação interpessoal constituam objetivos de ensino, de igual importância aos demais conteúdos curriculares.

- Estimular o desenvolvimento do respeito pelos de mais seres humanos, independentemente de suas características, talentos e competências.

- A criança com altas habilidades pode se tornar alguém impaciente com pessoas de nível ou ritmo diferente do seu. Isso é prejudicial para seu desenvolvimento pessoal e social, podendo ter consequências destrutivas para seu próprio processo de aprendizagem, bem como para a sociedade. Assim, tratar do desenvolvimento e da prática do respeito humano enquanto conteúdo curricular é de importância e relevância educacional e social.

- Desenvolver expectativas positivas do aluno quanto a escolhas profissionais que possam aperfeiçoar o uso de seus talentos e competências.

- Para estimular o desenvolvimento e a utilização do pensamento criativo, o autor sugere que o professor use estratégias tais como:

- Propor atividades do tipo "tempestade de ideias", que estimulem o grupo a apresentar possíveis soluções inéditas para problemas.

- Estimular cada aluno a apresentar o maior número possível de possibilidades de forma a desenvolver sua flexibilidade intelectual.

- Ensinar habilidades de debate, encorajando os alunos a discutirem sobre assuntos de sua própria escolha.

- Estimular cada aluno a defender o ponto de vista do professor, o ponto de vista de outros colegas, o ponto de vista dos pais, de um autor.

- Estimular os alunos a tomarem a iniciativa de apresentar projetos, incentivando e apoiando seu desenvolvimento e realização.

- Realizar sessões de "ideias malucas", nas quais somente noções incomuns podem ser discutidas.

- Estimular os alunos a escreverem "scripts" para programas de rádio e de TV e a participarem dos referidos programas.

- Estimular, também, cada aluno a ampliar cada vez mais o detalhamento das soluções que tenha proposto.

Capítulo 4
O desafio persiste

O que o movimento inclusivo pretende é acionar uma medida contra a estigmatização, contra os discursos estereotipados e os saberes rígidos, é estabelecer a possibilidade da introdução de novos olhares e uma escuta da diferença: das deficiências e/ou necessidades específicas, de gênero e sexualidade, de raça e etnia, de saber e outras. Uma escuta e um olhar que remetem para algo a se tecer: uma nova ordem social. Essa ação só pode ser regulada pela ética, que permite resgatar algo da verdade, da singularidade.

A construção da identidade pressupõe considerar o indivíduo sujeito da história; passivo e ativo, determinado e determinante, produto e produtor; a consciência de si levaria o sujeito a transformar suas ações e a ele mesmo, negando a identidade dada e construindo uma identidade em movimento.

O trato pedagógico da diversidade é algo complexo. Ele exige de nós o reconhecimento da diferença e, ao mesmo tempo, o estabelecimento de padrões de respeito, de ética e a garantia dos direitos sociais. Avançar na construção de práticas educativas que contemplem o uno e o múltiplo significa romper com a ideia de homogeneidade e de uniformização que ainda impera no campo educacional. Representa entender a educação para além do seu aspecto institucional e compreendê-la dentro do processo de desenvolvimento humano. Isso nos coloca diante dos diversos espaços sociais em que o processo educativo acontece e nos convida a extrapolar os muros da escola e a ressignificar a prática educativa, a relação com o conhecimento, o currículo e a comunidade escolar. Coloca-nos, também, diante do desafio da mudança de valores, de lógicas e de representações sobre o outro, principalmente aqueles que fazem parte dos grupos historicamente excluídos da sociedade.

Educar para a diversidade e a inclusão é fazer das diferenças um trunfo, explorá-las na sua riqueza, possibilitar a troca, proceder como grupo, entender que o acontecer humano é feito de avanços e limites. Incorporar essa lógica significa que a busca do novo, do diverso é que impulsiona a nossa vida e deve nos orientar para a adoção de práticas pedagógicas, sociais e políticas em que as diferenças sejam entendidas como parte de nossa vivência, e não como algo exótico e nem como desvio ou desvantagem. Entretanto, a consciência da diversidade cultural não é acompanhada somente de uma visão positiva sobre as particularidades culturais.

Por mais que ela se torne um fato cada vez mais presente na nossa vida cotidiana devido à maior proximidade com os modos de ser, de ver e de existir distintos, a consciência da diversidade nos coloca diante de impasses políticos, morais e teóricos de difícil equacionamento. Por isso, assumir a diversidade cultural significa muito mais do que um elogio às diferenças. Representa não somente fazer uma reflexão mais densa sobre as particularidades dos grupos sociais, mas também implementar políticas públicas, alterar relações de poder, redefinir escolhas e questionar a nossa visão de democracia.

No que se refere à inclusão de crianças com deficiência e/ou transtornos globais do desenvolvimento e altas habilidades, o desafio se coloca na contingência em incluir no aparato escolar comum e não mais especial essas crianças, sem contudo focar esse trabalho na perspectiva medicalizante, buscando assim outras referências teóricas e pedagógicas que possibilitem o acolhimento do sujeito, com o objetivo de trilhar e estabelecer qual seria a contribuição de um trabalho pedagógico para a melhoria da qualidade de vida das crianças que apresentam peculiaridades.

Algumas experiências têm demonstrado avanços, em que o funcionamento da instituição escolar como espaço de aprendizagem visa à inserção social do sujeito na cultura e ainda repensa a educação introduzindo práticas alfabetizadoras com o objeto de conhecimento definido e com a introdução da proposta construtivista de alfabetização, elevando-se a pessoa com deficiência, bem como autistas e psicóticos, à condição de leitores e escritores, ampliando-se para outros conteúdos, deixando cair a máscara do problema do desenvolvimento que enclausura a aprendizagem do sujeito e tornando possível ao educador resgatar algo de sua própria autoridade para pensar como desvendar e descobrir, apesar de suas limitações, como ensiná-los.

Se hoje já é possível falar em atendimento público escolar a esses sujeitos, é notória a necessidade de avançarmos em pesquisas, estudos e publicações que tragam à tona o discurso dos sujeitos e seus impasses. Outro avanço importante terá que se dar em torno do atendimento em rede. Embora tenhamos avançado na proposição do trabalho em rede, ainda há dificuldades no estabelecimento de uma parceria eficaz entre a saúde e a educação. Quanto à democratização das esferas públicas, há que se dar voz aos movimentos sociais emergentes, na sua pluralidade organizativa, como possibilidades de reafirmação de espaços públicos, o que se pode fazer através dos fóruns de discussão que incluem vozes de profissionais e de usuários dos serviços públicos.

Em relação ao discurso pedagógico ainda se faz necessário avançar de uma lógica em que se trabalha numa perspectiva desenvolvimentista (primeiro desenvolvem-se áreas específicas), para uma outra em que é possível pensar a escolarização propriamente dita, ou mesmo valorizar a socialização em detrimento da escolarização. Daí decorrem as dificuldades com a formação geral dos(as) professores(as). Uma conduta responsável por parte da pedagogia no sentido de também procurar respostas para dar atendimento de qualidade a essas crianças a partir de suas especificidades só iria beneficiá-las e a própria família, geralmente refém de inúmeras peregrinações pouco eficazes e de promessas inescrupulosas.

Por fim, o avanço que se requer se pauta no consentimento de que todo conhecimento produzido será parcial e insuficiente, assim como as experiências de inclusão pela lógica da diferença. Quando tratamos da questão das políticas de inclusão, sempre nos deparamos com um antigo dilema inerente à ciência moderna: como transitar entre o universal da lei e o particular do sujeito? Como operar entre as políticas universalizantes que preconizam a inclusão das diferenças e manter a particularidade subjetiva diante dessas políticas? Fazemos um discurso em defesa da garantia de uma escola pública, gratuita, universal e de boa qualidade para todos os sujeitos, sejam eles branco/negro, pobre/rico, hetero/homossexual, jovem/idoso, com ou sem algum tipo de deficiência, mas ao preconizar o discurso da inclusão as políticas públicas o fazem desconsiderando as diferenças, tratando-as como supostas igualdades. Considerar a diferença é consentir que esta necessariamente fará furos no discurso mesmo da inclusão: a diferença altera os contornos já estabelecidos, transforma a cultura, destitui polaridades, move os sujeitos, constituindo-os em múltiplas e fragmentadas identidades, o que sem dúvida perturba e desorienta os discursos estabilizadores. Será que estamos dispostos a aceitar esse desafio?

Para continuar avançando:

Filmes relacionados à educação especial/educação inclusiva

A cor do paraíso	Gabi – uma história de vida
A música e o silêncio	Gritos do sussurro
À primeira vista	Rain Man
Depois do silêncio	O homem elefante
Edward, mãos de tesoura	O oitavo dia
Filhos do paraíso	Mentes que brilham
Meu adorável professor	O piano
Meu pé esquerdo	Os transformadores

Nell	Shine – Brilhante
Nenhum a menos	The Wall
O oitavo dia	O milagre de Anne Sulivan
Meu filho, meu mundo	O pequeno milagre
O óleo de Lorenzo	Uma mente brilhante

Pesquise os sites na internet

www.aacd.org.br	www.inclusão.com.br
www.bauru.unesp.br	www.ines.org.br
www.caleidoscopio.aleph.com.br	www.niee.ufgrs.br
www.defnet.org.br	www.pgh.auhs.edu/CFSP
www.ecof.org.br/projetos/down	www.regra.com.br/cidade-virtual
www.entreamigos.com.br/	www.sapiensleduca.com.br
www.ibase.org.br/cviri	

Obras que contribuem com os estudos na área da deficiência e/ou necessidades específicas

AMARAL, R. P. *Síndrome de Down. E agora, Dr.?* Rio de Janeiro: WVA, 1996.

BELISÁRIO FILHO, José Ferreira. (1963) *Inclusão. Uma revolução na saúde.* Rio de Janeiro: WVA, 1999.

BEYER, Hugo Otto. Vygotsky: um paradigma em educação especial. *Educação em Foco. Educação Especial,* Universidade Federal de Juiz de Fora, Órgão Oficial da Faculdade de Educação, Centro Pedagógico da UFJF, 1999/2000.

CARVALHO, Rosita E. *A nova LDB e a educação especial.* Rio de Janeiro: WVA, 1997.

CIRINO, Oscar. Cronologia ou lógica, desenvolvimento ou estrutura. *Revista de Psiquiatria e Psicanálise com Crianças e Adolescentes,* Belo Horizonte, FHEMIG, jan./jun. 1995.

COOL, César (Org.). *Desenvolvimento psicológico e educação. Necessidades educativas especiais e aprendizagem escolar*. Porto Alegre: Artes Médicas, 2005.

DAYRELL, Juarez T. (Org.). *Múltiplos olhares sobre a educação e cultura*. Belo Horizonte: Editora UFMG, 1996.

DINIZ, Margareth. *O método clínico na investigação da relação com o saber para quem ensina: a tensão entre conhecer e saber*. Tese de Doutorado. FaE-UFMG. 2005. Belo Horizonte.

DOR, Joel. *Introdução à leitura de Lacan*. Porto Alegre: Artes Médicas, 1989.

FENDRIK, Silvia. Clínica de crianças: a aventura da filiação. In: ASSOCIAÇÃO PSICANALÍTICA DE PORTO ALEGRE. *Educa-se uma criança?* Porto Alegre: Artes e Ofícios, 1994.

FERNANDEZ, Alícia. *A inteligência aprisionada*. Porto Alegre: Artes Médicas, 1990.

FREITAS, Maria Tereza de Assunção (Org.). *Vygotsky. Um século depois*. Juiz de Fora: Editora UFJF, 1998.

HICKEL, Neusa. Um olhar especial na educação: contribuição do construtivismo para a educação especial. In: GROSSI, Esther Pillar; BORDIN, Jussara (Org.). *Construtivismo pós-piagetiano*. Petrópolis: Vozes, 1993.

KASSAR, Mônica de Carvalho Magalhães. *Deficiência múltipla e educação no Brasil – discurso e silêncio na história de sujeitos*. Campinas: Autores Associados, 1999.

KRYNSKI, S. et. al. *Novos rumos da deficiência mental*. São Paulo: Sarvier, 1983.

LAJONQUIÈRE, Leandro de. Freud, a educação e as ilusões (psico)pedagógicas. In: ASSOCIAÇÃO PSICANALÍTICA DE PORTO ALEGRE. *Psicanálise e educação: uma transmissão possível*. Porto Alegre, 1995.

MANTOAN, M. T. E. *Compreendendo a deficiência mental: novos caminhos educacionais*. São Paulo: Scipione, 1989.

MANTOAN, Maria Tereza. Peculiaridades e semelhanças entre normais e deficientes face aos processos de desenvolvimento mental. In: _____. *Ser ou estar? Eis a questão. Explicando o déficit intelectual.* Rio de Janeiro: WVA, 1997.

MAZZOTA, M. J. S. *Educação Especial no Brasil: história e políticas públicas.* São Paulo: Cortez, 1996.

MEC. *Atendimento educacional especializado para a deficiência mental.* 2005.

MEC/SEESP. *Diretrizes gerais para o atendimento dos alunos portadores de altas habilidades, superdotação e talentos.* Brasília: Secretaria de Educação Especial, 1996.

MEC/SEESP. *Política Nacional de Educação Especial: livro 1.* Brasília: Secretaria de Educação Especial, 1994.

MEC/SEESP. *Programa de capacitação de recursos humanos do ensino fundamental: superdotação e talentos.* Brasília: Secretaria de Educação Especial, 1999. v. 1 e 2.

MITTLER, Peter. *Educação inclusiva. Contextos sociais.* Porto Alegre: Artmed, 2000.

MONTEIRO, Mariângela da Silva. A educação especial na perspectiva de Vigotsky. In: FREITAS, Maria Tereza de Assunção (Org.). *Vygotsky. Um século depois.* Juiz de Fora: Editora UFJF, 1998.

MRECH, Leny Magalhães. *Psicanálise e educação. Novos operadores de leitura.* São Paulo: Pioneira, 1999.

OLIVEIRA, Marta Kohl de. *Vygotsky. Aprendizado e desenvolvimento, um processo sócio-histórico.* São Paulo: Scipione, 1995.

PEDROSO, Tânia Mara Gonzaga. *Educação Especial da criança autista e psicótica: referenciais teóricos e as práticas pedagógicas.* Rio de Janeiro, 1995.

REGO, Teresa Cristina. *Uma perspectiva histórico-cultural da educação.* Petrópolis: Vozes, 2000.

RENZULLI, J. S. *Interest-A-Lyzer Family of Instruments: A Manual for Teachers.* Mansfield Center: Creative Learning Press, 1997.

RIBAS, João Batista Cintra. *O que são pessoas deficientes.* São Paulo: Nova Cultural/Brasiliense, 1985. (Coleção Primeiros Passos)

RIBAS, Marina H.; CARVALHO, Marlene A. de. O caráter emancipatório de uma prática pedagógica possível. In: QUELUZ, Ana Gracinda; ALONSO, Myrtes (Org.). *O trabalho docente. Teoria & prática*. São Paulo: Pioneira, 1999. p. 37-46.

SASSAKI, Romeu K. *Inclusão: construindo uma sociedade para todos*. Rio de Janeiro: WVA, 1997.

SKLIAR, Carlos (Org.). *A surdez: um olhar sobre as diferenças*. Porto Alegre: Mediação, 1998.

VYGOTSKY, L. S. *A formação social da mente*. São Paulo: Martins Fontes, 1984.

WERNEK, Cláudia. *Sociedade inclusiva: ninguém mais vai ser bonzinho*. Rio de Janeiro: WVA Editora, 1997.

Referências

BRASIL. *Constituição da República Federativa Brasileira*. São Paulo: Cortez/Autores Associados, 1989.

CONFERÊNCIA MUNDIAL DE EDUCAÇÃO ESPECIAL. *A Declaração de Salamanca sobre princípios, política e prática em Educação Especial*. Salamanca, Espanha, 7-10 jun./1994.

DECLARAÇÃO UNIVERSAL DOS DIREITOS DO HOMEM. 10 dez. 1948.

HALL, Stuart. *A identidade cultural na pós-modernidade*. 7. ed. Rio de Janeiro: DP&A, 2002.

INSTITUTO BRASILEIRO DE GEOGRAFIA E ESTATÍSTICA - IBGE. Censo 2000.

LACAN, Jacques. *O seminário: As psicoses*. Rio de Janeiro: J. Zahar, 1982.

LEVY, André. *Ciências clínicas e organizações sociais*. Belo Horizonte: Autêntica/Fumec, 2004.

LEWIS, R. B.; DOORLAG, D. H. *Teaching Special Students in the Mainstream*. 3. ed. New York: Macmillan Publishing Company, 1991.

MANTOAN, Maria Teresa E. *Ser ou estar: eis a questão*. Rio de Janeiro: WVA, 1997.

MANUAL DIAGNÓSTICO E ESTATÍSTICO DE TRANSTORNOS MENTAIS. DSM-IV. Tradução de Dayse Batista. 4. ed. Porto Alegre: Artes Médicas, 1995.

MEC. *Lei de Diretrizes e Bases da Educação Nacional*, 1996.

MEC/SEESP. *Diretrizes nacionais para a educação especial na educação básica*. Brasília: Secretaria de Educação Especial, 2001.

MEC/SEESP. *Diretrizes nacionais para a educação especial na perspectiva da educação inclusiva*. Brasília: Secretaria de Educação Especial, 2008.

MELLO, Guiomar Namo de. *A prática docente na escola de 1° grau: do amor, acusação e bom senso à competência técnica e vontade política*. São Paulo: PUC, 1981.

MILLER, Jacques-Alain. Conversação. 2003. Mimeografado.

NÓVOA, António (Org.). *Profissão professor*. Porto: Porto Editora, 1991.

PEREIRA, Marcelo Ricardo. *A impostura do mestre*. Belo Horizonte: Argvmentvm, 2008.

RENZULLI, J. S. *Enriching Curriculum for all Students*. Arlington Heights: SkyLight, 2001.

RENZULLI, J. S.; REIS, S. M. *The Schoolwide Enrichment Model: How to Guide for Educational Excellence*. 2. ed. Mansfield Center: Creative Learning Press, 1997.

SACKS, O. Temple Grandin. In: _____. *Um antropólogo em Marte*. São Paulo: Companhia das Letras, 1995.

SANTOS, Eloísa H. *Le savoir em travail: l'expérience de développement technologique par les travailleurs d'une industrie brésiliene*. Université de Paris VIII – Saint-Denis, Département des Sciencies de l'Education, 1991.

SECRETARIA DE ESTADO DA EDUCAÇÃO DE MINAS GERAIS. SD n° 01/2005. In: DINIZ, Margareth. *Caderno Incluir*. Belo Horizonte, 2006.

SHULMAN, L. S. Those Who Understand: Knowledge Growth in Teaching. *Educational Researcher*, v. 15, n. 2, p. 4-14, 1986.

VYGOTSKY, L. S. *Pensamento e linguagem*. São Paulo: Martins Fontes, 1989.